地质类专业课程思政教学指南

叶为民　张　振　夏庆霖　陈建峰　编著

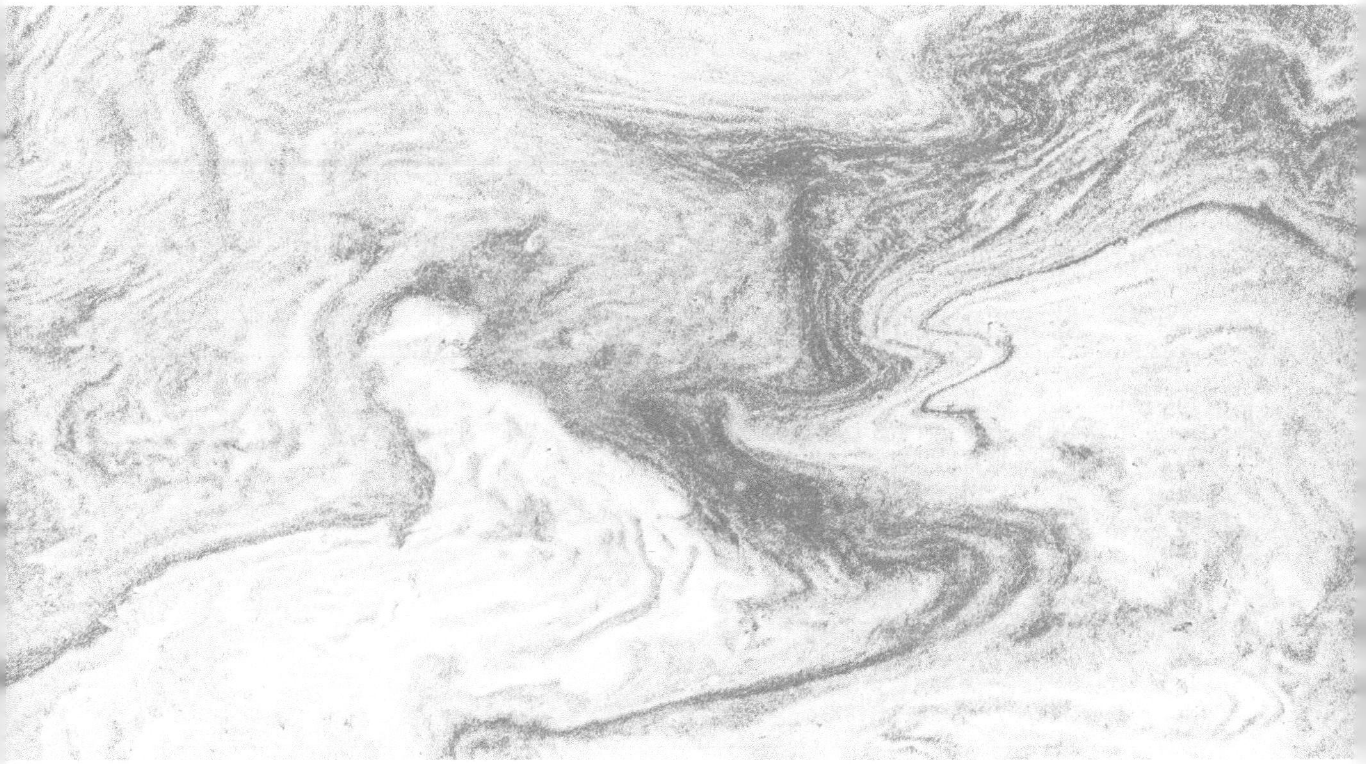

内 容 提 要

本书系统总结了同济大学开展的"地质类专业课程思政教学指南研制工作"的成果，主要包括地质类专业课程思政教学指南、地质类专业课程思政教学典型案例［包含同济大学地质工程专业课程思政教学实践和中国地质大学（武汉）资源勘查工程专业课程思政教学实践］，以及代表性课程的课程思政教学设计三部分内容。本书旨在指导地质类专业紧紧围绕国家和区域发展需求，结合学校发展定位和人才培养目标，构建全面覆盖、类型丰富、层次递进、相互支撑的课程思政体系，全面提高地质类人才培养质量，为中国特色社会主义事业培养合格的建设者和可靠的接班人。

本书可作为从事地质类专业教学的教师及其他专业类教师的参考资料。

图书在版编目（CIP）数据

地质类专业课程思政教学指南 / 叶为民等编著.
上海：同济大学出版社，2024.9. -- ISBN 978-7-5765-1267-0
I. G641
中国国家版本馆 CIP 数据核字第 2024DN1985 号

地质类专业课程思政教学指南

叶为民　张　振　夏庆霖　陈建峰　编著

责任编辑　宋　立　　助理编辑　陈妮莉　　责任校对　徐逢乔　　封面设计　思橙设计（上海）工作室

出版发行	同济大学出版社　　www.tongjipress.com.cn
	（地址：上海市四平路1239号　邮编：200092　电话：021-65985622）
经　　销	全国各地新华书店
排　　版	南京月叶图文制作有限公司
印　　刷	苏州市古得堡数码印刷有限公司
开　　本	787 mm×1092 mm　1/16
印　　张	11.5
字　　数	203 000
版　　次	2024年9月第1版
印　　次	2024年9月第1次印刷
书　　号	ISBN 978-7-5765-1267-0
定　　价	68.00元

本书若有印装质量问题，请向本社发行部调换　　版权所有　侵权必究

本书编委会

主 编

叶为民 张 振 夏庆霖 陈建峰

领导小组与工作小组

领导小组

组长　唐辉明

成员　毛景文　孙友宏　刘玉强　蒋有录
　　　范　文　周志芳

秘书　夏庆霖

工作小组

组长　叶为民

成员　夏庆霖　王贵荣　王恩志　隋旺华
　　　戴前伟　李彦荣　张照录　张立强
　　　陈建峰　张　振　王　琼　陈永贵

秘书　张　振

前言

为深入贯彻落实习近平总书记关于教育的重要论述和全国教育大会精神，贯彻落实中共中央办公厅、国务院办公厅发布的《关于深化新时代学校思想政治理论课改革创新的若干意见》，2021年9月，教育部高等教育司发布了《关于开展专业类课程思政教学指南研制工作的通知》（以下简称《通知》）。《通知》要求开展相关专业类课程思政教学指南研制工作，分类推进高校课程思政建设，全面提高专业教师育人能力，落实立德树人根本任务。这一举措对于培养学生成为德智体美劳全面发展的社会主义建设者和接班人，对于坚持和发展中国特色社会主义、建设社会主义现代化强国以及实现中华民族伟大复兴的使命都具有重要的意义和深远的影响。

做好专业类课程思政教学，有助于发挥专业课程的育人作用，实现知识传授、能力培养和价值引领的有机统一。首先，课程思政有助于引导学生形成正确的世界观、人生观和价值观。通过融入思想政治教育内容，专业课程能够在传授专业知识的同时，引导学生树立正确的社会责任感、民族精神和文化自信心，培养学生积极向上的人生态度和正确的价值取向。其次，课程思政有助于激发学生的爱国情怀和社会责任感。通过课程中的案例分析、专题讨论等形式，学生可以深入了解专业在国民经济建设中的地位，从而增强专业认同感，激发报国情怀与社会责任感，促使他们将所学知识与国家、社会发展紧密相连。最后，课程思政有助于培养学生的创新精神和批判性思维。思想政治教育并非单纯的知识灌输，而是鼓励学生通过独立思考、辩证分析去理解和分析问题，运用创新思维和批判性思维来寻求解决问题的方法。

地质类专业开展专业课程思政具有其独特的特色和必要性。地质类专业包括地质工程、勘查技术与工程、资源勘查工程、地下水科学与工程、旅游地学与规划工程等，涉及矿产资源勘查与开发、工程建设、灾害防治与环境保护等领域，与人类生存和社会发展息息相关，在国民经济发展中占据核心战略地位。首先，地质类专业的学生学习在未来的工作中需要处理各种复杂的地质问题，而这些问题通常与社会稳定、环境保护等方面息息相关，需要学生具备正确的科学态度和价值观。其次，地质类专业强调理论结合实际，这意味着学生在学习理论知识的同时，也应当明确地认识到地质活动对人类生存与发展的影响，明白自身在地球资源利用与环境保护方面的责任。因此，地质类专业开展专业课程思政可以引导学生明确自身的社会责任，注重职业道德，崇尚科学精神，并致力于可持续发展和环境保护。

教育部地质类教学指导委员会委托同济大学牵头组织开展《地质类专业课程思政教学指南》（以下简称《指南》）研制工作。《指南》研制工作以"两结合"与"一体现"为指导思想，即专业课程思政教学与"三全育人"理念和工程教育专业认证体系紧密结合，全面体现地质类专业育人的要求和特点。本书主要介绍《指南》研制工作研究成果，分为三篇：第一篇主要介绍指南条文，包括总则、育人目标与育人要求、教学体系、专业课程思政教学实施、教学评价、教学管理；第二篇以同济大学地质工程专业和中国地质大学（武汉）资源勘查工程专业为案例，详尽介绍了两个专业开展专业课程思政建设的实践；第三篇从全国地质类专业中的"国家级一流本科专业"中优选了27个具有代表性课程的课程思政教学设计案例，涵盖专业基础课、专业课、实践课等，为专业教师提供课程思政教学研究和学习借鉴。

本书的出版和编写工作得到了教育部地质类教学指导委员会《指南》研制工作领导小组唐辉明、毛景文、孙友宏、刘玉强、蒋有录、范文、周志芳、夏庆霖等专家的指导和支持，在此深表感谢！

编　者

2024 年 6 月

目录

第1篇
地质类专业课程思政教学指南 ... 001

1 总则 ... 003
2 育人目标与育人要求 ... 003
3 教学体系 ... 005
- 3.1 教学体系架构 ... 005
- 3.2 通识教育课程和大类基础课程 ... 005
- 3.3 专业类课程 ... 006
- 3.4 实践环节课程 ... 006
- 3.5 其他培养环节 ... 006

4 专业课程思政教学实施 ... 007
- 4.1 教学大纲 ... 007
- 4.2 教学内容 ... 007
- 4.3 教学方法 ... 007
- 4.4 教材建设 ... 008
- 4.5 教学团队 ... 008

5 教学评价 ... 009
- 5.1 课程思政教学评价 ... 009
- 5.2 学生发展评价 ... 009

6 教学管理 ... 010
- 6.1 教学管理体系 ... 010
- 6.2 教学过程与质量监控 ... 010
- 6.3 管理制度及保障机制 ... 010

第2篇
地质类专业课程思政教学典型案例 ... 011

1 同济大学地质工程专业课程思政教学实践 ... 013
- 1.1 学校简介与专业特色 ... 013
- 1.2 专业培养目标与育人要求 ... 014
- 1.3 课程体系与育人矩阵 ... 017
- 1.4 专业课程思政教学实施 ... 019
- 1.5 教学评价与管理 ... 025

2 中国地质大学（武汉）资源勘查工程专业课程思政教学实践 ... 027
- 2.1 学校简介与专业特色 ... 027
- 2.2 专业培养目标与育人要求 ... 029
- 2.3 课程体系与育人矩阵 ... 035
- 2.4 专业课程思政教学实施 ... 039
- 2.5 教学评价与管理 ... 047

第 3 篇
代表性课程的课程思政教学设计 049

1. "地基处理"课程思政教学案例 051
2. "工程地质学"课程思政教学案例 055
3. "工程地质与水文地质"课程思政教学案例 060
4. "工程地下水"课程思政教学案例 065
5. "工程地质实习"课程思政教学案例 069
6. "构造地质学"课程思政教学案例 073
7. "古生物地史学"课程思政教学案例 077
8. "基础地质"课程思政教学案例 085
9. "基础地质学"课程思政教学案例 092
10. "结晶学与矿物学"课程思政教学案例 097
11. "勘查地球物理"课程思政教学案例 103
12. "矿产勘查理论与方法"课程思政教学案例 107
13. "矿床学"课程思政教学案例(长安大学) 111
14. "矿床学"课程思政教学案例(中南大学) 115
15. "煤及煤层气地质学"课程思政教学案例 119
16. "普通地质学"课程思政教学案例(河南理工大学) 123
17. "普通地质学"课程思政教学案例(青海大学) 127
18. "区域地质调查方法"课程思政教学案例 131
19. "区域地质调查实习(江山)"课程思政教学案例 135
20. "石油及天然气地质学"课程思政教学案例 139
21. "土质学与土力学"课程思政教学案例 143
22. "岩石学"课程思政教学案例 147
23. "岩体力学"课程思政教学案例 153
24. "岩土钻掘工程浆液"课程思政教学案例 157
25. "油矿地质学"课程思政教学案例 161
26. "油气勘探与资源评价"课程思政教学案例 167
27. "油气田地下地质学"课程思政教学案例 171

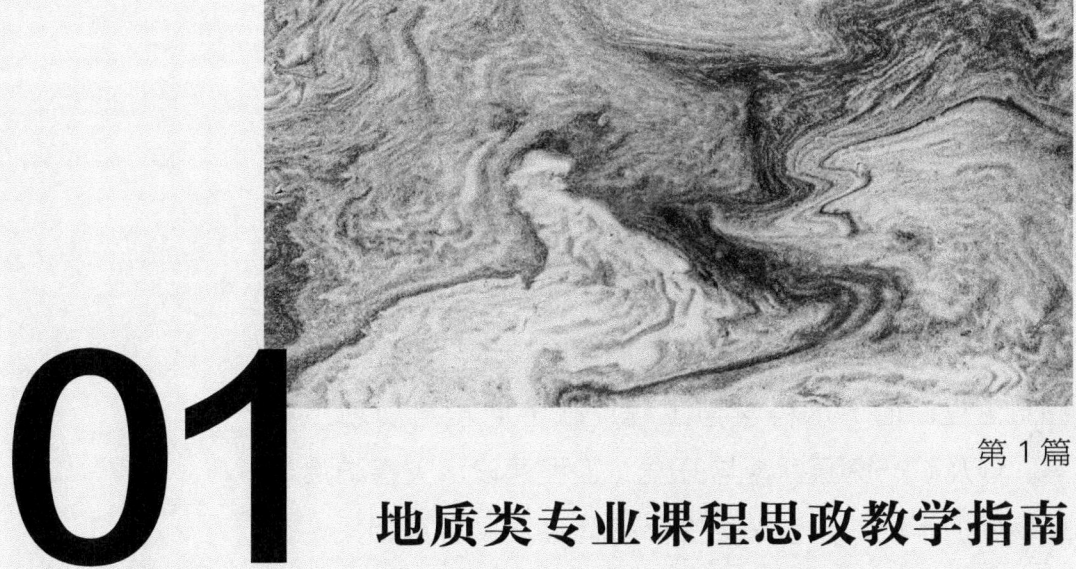

01

第 1 篇
地质类专业课程思政教学指南

  为深入贯彻落实习近平总书记关于教育的重要论述和全国教育大会精神，贯彻落实中共中央办公厅、国务院办公厅《关于深化新时代学校思想政治理论课改革创新的若干意见》，教育部高等教育司发布了《关于开展专业类课程思政教学指南研制工作的通知》（以下简称《通知》），要求开展相关专业类课程思政教学指南研制工作，分类推进高校课程思政建设，全面提高专业教师育人能力，落实立德树人根本任务。这一举措关系着在世界百年未有之大变局的新形势下，坚持和发展中国特色社会主义、建设社会主义现代化强国、实现中华民族伟大复兴任务的成败。

  开展专业类课程思政教学指南研制工作将围绕提高人才培养质量的重要任务，立足新发展阶段，贯彻新发展理念，构建新发展格局，遵循大学发展和教育规律以及人才成长规律，全面总结分析专业育人要求和特点，形成有统一目标、有顶层设计、有系统组织、有标准依据、有制度保障、有成效评价的课程思政教学指南和范式，帮助专业教师准确把握专业类的课程思政教学做什么、怎么做、怎么做好等要点，全面构建全员全程全方位育人大格局。

地质类专业包括地质工程、勘查技术与工程、资源勘查工程、地下水科学与工程、旅游地学与规划工程等，涉及矿产资源勘查与开发、工程建设、灾害防治与环境保护等领域，与人类生存和社会发展息息相关，在国民经济发展中具有核心战略地位。

根据《通知》要求，地质类教学指导委员会组织开展《地质类专业课程思政教学指南》研制工作，以指导相关专业课程思政教学工作的开展。课程思政教学工作的目的在于指导地质类专业紧紧围绕国家和区域发展需求，结合学校发展定位和人才培养目标，构建全面覆盖、类型丰富、层次递进、相互支撑的课程思政体系，全面提高地质类人才培养质量，为中国特色社会主义事业培养合格的建设者和可靠的接班人。

1 总则

1.1 为深入实施《高等学校课程思政建设指导纲要》，全面推进地质类专业课程思政建设，进一步规范和强化育人环节，发挥三全育人（全员育人、全程育人、全方位育人）作用，全面提高专业教师育人能力，提高高校人才培养质量，制定《地质类专业课程思政教学指南》（以下简称《指南》）。

1.2 《指南》的指导思想为"两结合"与"一体现"，即专业课程思政教学与"三全育人"理念和工程教育专业认证体系紧密结合，全面体现地质类专业育人的要求和特点。

1.3 《指南》适用于指导地质工程、勘查技术与工程、资源勘查工程、地下水科学与工程、旅游地学与规划工程等地质类专业课程思政教学工作建设。

1.4 《指南》主要内容包括：总则、育人目标与育人要求、教学体系、专业课程思政教学实施、教学评价、教学管理。

1.5 《指南》未涉及的内容应参照国家和教育部有关文件的规定。

2 育人目标与育人要求

2.1 人才培养目标应面向国家、社会经济与行业发展需求，结合学校发展定位，包含育人和育才目标。

2.2 专业应定期评价育人目标的合理性并根据评价结果对育人目标进行修订，评价与修订过程有行业、企业专家参与。

2.3 专业应结合人才培养目标，制定明确的、可衡量的育人要求，并应能支撑育人目标的达成。专业制定的育人要求应能覆盖以下内容：

（1）政治认同。引导学生树立共产主义远大理想和中国特色社会主义共同理想，自觉用党的创新理论武装思想，深刻认识坚持党的领导是我国地质事业的根本政治保证，坚定中国特色社会主义道路自信、理论自信、制度自信、文化自信。

（2）天下意识。引导学生弘扬和平、发展、公平、正义、民主、自由的全人类共同价值，树立建立人类命运共同体的坚定信念；引导学生认识地质的时空观、物质观与人类文明脉络，树立献身地质事业、肩负民族复兴重任、谋求世界大同的崇高理想。

（3）家国情怀。教育引导学生把国家、社会、公民的价值要求融为一体，厚植胸怀祖国、服务人民的爱国精神；引导学生认识地质类专业在国民经济发展中的历史贡献、基础地位和时代责任，激发学生的专业自豪感和地质报国的家国情怀及担当意识。

（4）科学精神。引导学生认识科技创新在我国现代化建设全局中的核心地位和重大意义，培养学生在地质工作中追求真理、崇尚创新、尊重实践、弘扬理性的科学精神，树立把论文写在祖国大地上的意识和信念。

（5）人文素养。培育学生良好的文化品位、审美情趣、心理素质等综合品质；引导学生深刻理解中华优秀传统文化的思想精华和时代价值，厚植人地和谐思想和地质人文精神，教育引导学生从地质人文视角审视地质行业发展及自身发展。

（6）法治意识。教育引导学生牢固树立法治观念，深化对法治原则和重要法律概念的认知；了解地质行业相关的法律法规，熟悉环境资源保护和可持续发展等方面的政策、法规，能正确认识工程对环境和社会的影响。

（7）道德修养。培养学生爱岗敬业、诚实守信、办事公道、服务群众、奉献社会的道德修养；教育引导学生能够在工程实践中理解并遵守地质行业的工程伦理和职业道德，树立正确的劳动价值观，增强职业责任感。

（8）地质品质。教育引导学生深刻理解"三光荣"等地质精神的思想精华和时代价值，厚植胸怀宽广、无私奉献、艰苦奋斗、开拓创新、奋发有为的地质品质，培养精益求精的大国工匠精神。

（9）地质思维。教育引导学生深刻理解地质的多尺度物质观和时空观，培养学生的系统演化观、人地互馈观、多维时空观等特有的地质思维，厚植地质先行、人与自然和谐共处的绿色发展理念。

（10）学校精神。引导学生深刻理解学校的办学历史、办学定位和人才培养理念，增强对学校精神的情感认同和价值认同，并将其内化为精神追求、外化为自觉行动。

2.4 专业应明确育人要求对育人目标的支撑情况，以及对 2.3 条中 10 项通用地质类育人要求的覆盖情况。

3 教学体系

3.1 教学体系架构

3.1.1 学校和专业应根据专业育人目标，构建全面覆盖、类型丰富、层次递进、相互支撑的课程思政教学体系，实现各类课程与思想政治理论课的同向同行、协同育人。

3.1.2 地质类专业的课程思政教学体系应包括通识教育课程、大类基础课程、专业课程和实践环节课程。

3.1.3 专业应根据育人要求建立育人指标体系，通过指标分解说明课程设置对育人要求的支撑关系，分析支撑关系布局的合理性，明确课程对育人要求的具体支撑任务，形成课程思政矩阵。

3.1.4 学校应结合"三全育人"构建"大思政"格局，实现第一、第二和第三课堂的相互融合，发挥协同效应，形成育人合力。

3.2 通识教育课程和大类基础课程

3.2.1 通识教育课程包括思政、体育、计算机、经济管理、法学伦理和美育类课程等。公共基础课程包括数学、物理、化学和制图类课程等。

3.2.2 应根据大类人才培养目标和特点，由学校层面制定通识教育课程和公共基础课的育人要求，重点引导学生树立政治认同、天下意识，激发学生家国情怀，增强法治意识和科学精神，提升人文素养和道德修养。

3.2.3 应开设专业导论课，结合地质类专业的鲜明特色、历史积淀和文化底蕴，挖掘和提炼思政元素，引导学生认识地质类专业在国民经济发展中的历史贡献、基础地位和时代责任，激发学生的专业自豪感。

3.2.4 应开设职业素养课程，培养学生遵纪守法、爱岗敬业、诚实守信、公道办事的行为习惯，教育引导学生能够在工程实践中理解并遵守地质行业的职业伦理和职业道德，树立正确的劳动价值观，增强职业责任感。

3.3 专业类课程

3.3.1 专业类课程包括专业基础课程和专业课程。

3.3.2 专业基础课程，应按照课程矩阵要求，以知识体系为主线，结合优秀科研成果、重大工程案例等实施教学，引导学生认识地质类专业的基本内涵，培养学生在地质工作中追求真理、崇尚创新、尊重实践、弘扬理性的科学精神。

3.3.3 专业课程，应按照课程矩阵要求，深度挖掘提炼课程知识体系中所蕴含的思政元素，从课程所涉专业、行业、国家、国际、历史、文化等角度，培养学生职业素养、地质品质和地质思维，提升学生正确认识问题、分析问题和解决问题的能力。

3.4 实践环节课程

3.4.1 地质类专业课程思政教学应覆盖整个实践教学体系，包括认识实习、实验教学、生产实习、课程设计、社会实践、毕业设计（论文）等教学环节。

3.4.2 专业可与企业开展合作，共建实习、实训基地，充分发挥校企协同育人效应。

3.4.3 专业应充分挖掘地质野外实习基地所蕴含的历史文化、红色资源、绿色发展等方面的思政元素，形成野外实习独特的育人环境，实现课程思政和野外实习教学的有机融合。

3.4.4 专业实践类课程（包括认识实习、实验教学、生产实习和课程设计），应注重锤炼学生团结协作、无私奉献、艰苦奋斗、开拓创新、奋发有为的地质品质，增强学生善于解决问题的实践能力，以及精益求精的大国工匠精神。

3.4.5 社会实践类课程，应注重教育和引导学生弘扬劳动精神，扎根祖国大地，在实践中增长智慧才干，在艰苦奋斗中锤炼意志品质。

3.4.6 毕业设计（论文），应结合本专业的工程实际问题开展选题，课题应具有复杂工程问题的特征，鼓励开展校企联合毕业设计；应注重培养学思结合、知行统一，增强学生的工程意识、协作精神与职业素养，以及综合运用所学知识发现问题、分析问题与解决复杂工程问题的能力。

3.5 其他培养环节

3.5.1 以专业育人目标为导向，根据"三全育人"要求，组织开展第二和第三课堂育人活动，与第一课堂的育人行为同向而行，形成育人合力。

3.5.2 利用第二课堂开展育人活动。如开设系列特色讲坛，借助新生开学典礼、入学教育周、毕业典礼、校庆活动、文明离校等系列活动，开展社会主义核心价值观、校史院史、专业荣誉感和安全等教育；利用大学生创新创业平台，培育学生的创新和工匠精神。

3.5.3 借助第三课堂组织社会实践、校外学术交流等多元化育人活动，厚植爱国爱民情怀，激发学生地质报国的家国情怀和使命担当。

4 专业课程思政教学实施

4.1 教学大纲

4.1.1 应基于课程思政矩阵，明确课程的育人教学目标及其对育人指标的支撑关系。

4.1.2 应根据课程的育人教学目标，挖掘思政元素，形成课程思政教学点。思政教学点与知识教学点有机融合，编制含有思政教学点的课程内容、要求及学时分配表。

4.1.3 应明确课程考核中保证育人教学目标达成的考核形式、考核方式资源和考核内容。

4.1.4 应列出符合课程育人教育目标的拓展教育资源，包括线下资源和线上资源。

4.2 教学内容

4.2.1 教师应根据课程教学大纲明确的教学内容，完善地质类课程思政元素，构建课程思政元素库。

4.2.2 应将思政教学元素融入专业课程教学内容之中，实现"溶盐于汤"。例如，寓价值观引导于知识传授和能力培养之中，帮助学生塑造正确的世界观、人生观、价值观；课程思政教学点可包括资源与环境保护、工程安全、绿色与可持续发展、工程伦理、社会责任、家国情怀、知识产权、国家战略等。

4.3 教学方法

4.3.1 应将所挖掘的思政元素融入教学方案，对融入的内容、时间、方式、方法等根据学科知识特点、教书育人规律等进行科学合理设计,以确保知识教育要求与思政教育要求的统一。

4.3.2 应采用多元化的教学方法将思政元素融入课堂教学,将知识传授、能力培养和价值塑造三者融为一体。例如,可采用案例教学法、问题教学法、启发式教学法、探究式教学法、讨论式教学法、情境模拟教学法、比较教学法、项目教学法等,通过创设问题情境、价值判断情境等让学生在汲取知识的同时,认识问题和知识背后所蕴含的理论思维、方法论和价值判断,激发学生的思想碰撞,增强学生的情感体验,实现对学生的价值塑造。

4.3.3 应借助合适的教学方法将思政元素融入实践教学,加强实践育人。例如,采用基于问题、项目或案例的实践教学方法,在解决问题、实施项目的过程中,增强学生责任意识、创新意识和实践能力,培养其艰苦奋斗、吃苦耐劳的作风等。

4.4 教材建设

4.4.1 教材应注意将马克思主义立场观点方法转化为育人立意和价值导向,引导学生在学习科学知识、培育科学精神、掌握思维方法的过程中塑造价值。

4.4.2 应加强专业教材建设,确保思政元素进教材,并与专业知识点有机融合,全面提升课程教材铸魂育人功能。

4.5 教学团队

4.5.1 应明确各级教学团队岗位责任,学科责任岗位工作重点在于育人环境营造、教师育人能力提升、育人质保体系构建;专业责任岗位工作重点在于育人目标制定、课程体系设计、育人成效持续改进;课程链责任岗位工作重点在于育人逻辑梳理、思政元素挖掘和教学团队建设;课程责任岗位工作重点在于教学大纲编制、课程教学设计和教学资源建设。

4.5.2 应充分发挥教师育人主体作用,打造一支有理想信念、有道德情操、有扎实学识、有仁爱之心的稳定的师资队伍,包括任课教师、辅导员、班主任和导师,鼓励支持高层次人才带头开展课程思政建设与教学实践。

4.5.3 应构建长期的课程思政教学培训机制,强化教师的育人意识,提升教师的育人能力,确保课程思政建设落地落实、见功见效。例如,开展经常性的典型经验交流、现场教学观摩、教师教学培训等活动,促进优质资源的共享共用;支持高校将课程思政纳入教师岗前培训、在岗培训和师德师风、教学能力专题培训等。

4.5.4 应构建稳定的课程思政教学研究机制，加强对课程思政建设中重点、难点及前瞻性问题的研究。充分发挥高校课程思政教学研究中心、思想政治工作创新发展中心、马克思主义学院和相关学科专业教学组织的作用；充分发挥教研室、教学团队、课程组等基层教学组织作用，建立课程、思政集体教研制度；鼓励开展思政课教师与专业课教师教学教研合作，构建多层次课程思政建设研究体系。

4.5.5 学校应为开展课程思政教学研究与实践，提供充足的经费与环境条件保障。

5 教学评价

5.1 课程思政教学评价

5.1.1 参照课程思政与工程教育认证的要求，研究制定动态多元的课程思政建设与教学效果评价方法。

5.1.2 根据课程思政育人内涵丰富度、知识体系完整度、课程之间衔接度、思政资源运用程度、教学内容和教学方式的设计等建立课程思政建设效果评价指标体系，提出评价标准，评价课程思政的建设质量。

5.1.3 根据课程思政矩阵明确的课程育人教学目标，借助工程教育认证的评价方法建立课程思政育人效果评价指标体系，评价育人教学目标的达成情况，并将评价结果用于持续改进。

5.2 学生发展评价

5.2.1 以学生成长为中心，建立多元化、重过程、显隐结合、定性和定量结合的学生成长情况评价方法。

5.2.2 定期通过问卷、座谈、心理测评等形式，考查学生群体在职业道德、责任意识、诚信意识、法律意识、团队协作精神、吃苦耐劳品质等方面的状况。

5.2.3 建立学生发展的长期跟踪机制，可依靠第三方机构定期从学生群体的知识习得、能力培养、情感认同、价值塑造等方面动态掌握学生成长过程。

6 教学管理

6.1 教学管理体系

6.1.1 应建立学校、学院、基层教学组织三级课程思政教学管理体系，并与现有的学校教学管理体系有机融合。

6.1.2 学校应负责专业课程思政目标的宏观制定与运行，学院和基层教学组织负责日常教学管理和落实。

6.2 教学过程与质量监控

6.2.1 应建立课程思政教学过程监控体系，可通过日常监督、定点监督、定期监督、公众监督等方式跟踪课堂教学全过程，形成专业课程思政教学质量分析报告和反馈意见，并用于持续改进和提升教师育人能力。

6.2.2 应建立课程思政教学质量考查机制，各主要教学环节有明确的质量要求，定期开展课程体系设置和课程质量评价、育人要求达成情况评价，并保证评价结果用于专业持续改进。

6.3 管理制度及保障机制

6.3.1 应建立学校、学院与基层教学组织层面的相关管理制度和保障机制，保障专业育人目标的达成。

6.3.2 学校层面：指导专业课程思政教学体系建设与实施；协调指导公共基础课程（含思政课程）、专业素养类课程建设与教学实施，实现各类课程与思想政治理论课的同向同行，协同育人；负责专业课程思政教学过程监督与教学质量监控；落实专业课程思政教学经费。

6.3.3 学院层面：建立专业思政教学师资队伍遴选、培训与退出等管理制度；协助基层教学组织专业课程思政教学体系的建设与组织实施。

6.3.4 基层教学组织层面：负责专业育人目标的确立；负责专业课程思政教学体系的建设与组织实施；建立并完善常态化的教学研究与创新机制。

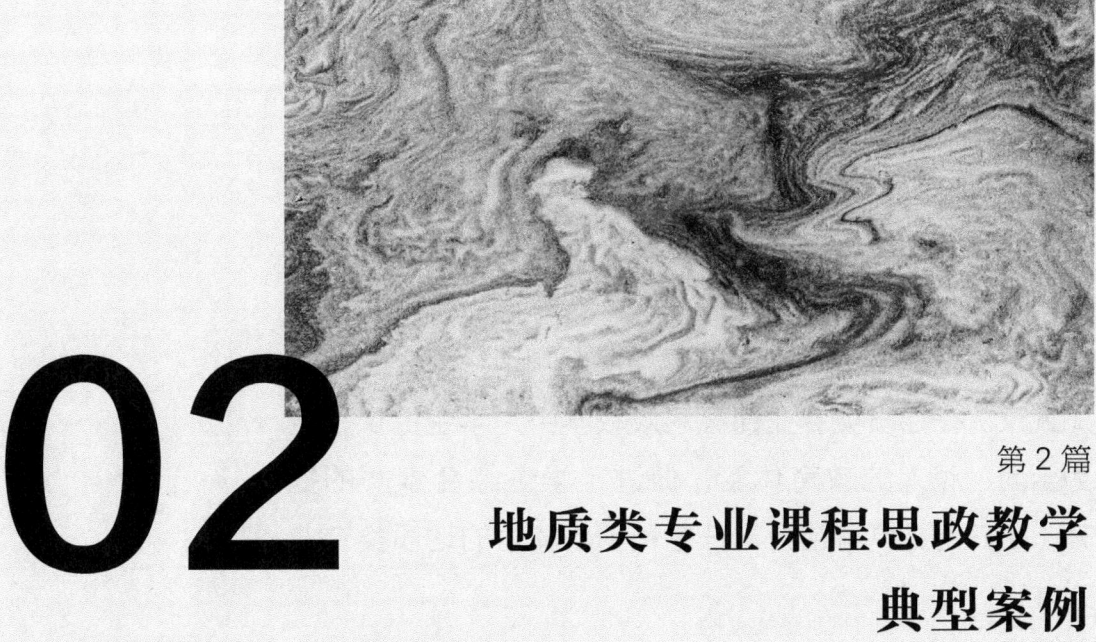

02

第 2 篇
地质类专业课程思政教学典型案例

《地质类专业课程思政教学指南》研制的目的在于将课程思政建设全面融入专业教学体系，构建全面覆盖、类型丰富、层次递进、相互支撑的课程思政体系，全面提高地质类人才培养质量，为中国特色社会主义事业培养合格的建设者和可靠的接班人。

本篇以同济大学地质工程专业和中国地质大学（武汉）资源勘查工程专业为案例，详尽介绍了这两个专业如何以《地质类专业课程思政教学指南》为指导，开展专业课程思政建设的实践。两个专业面向国家和行业人才发展需求，分别结合各自专业特色，建立了育人指标体系，明确了各门专业课程对于育人要求的具体支撑任务，形成课程思政矩阵，编制了含有思政教学点的课程大纲，并实现第一、第二和第三课堂的相互融合，形成

"大思政"格局。

同济大学和中国地质大学（武汉）在地质类专业课程思政教学实践中，致力于在课堂教学、实习实践以及创新活动中加强对学生的思想引领，推动学生全面发展。学校还注重培养学生的社会责任感，鼓励他们关注国家和社会发展所面临的挑战，并积极参与解决问题的过程。通过这些特色实践，同济大学和中国地质大学（武汉）在地质类专业课程思政教学中为学生提供了更为全面、深入的教育体验，促进了学生综合素质的提升，培养出更具有社会责任感和创新能力的地质类专业人才。

1 同济大学地质工程专业课程思政教学实践

1.1 学校简介与专业特色

1.1.1 学校简介

同济大学是中国最早的国立大学之一。1996年、2002年先后被列为国家"211工程"及"985工程"建设高校，2017年被列为国家世界一流大学建设高校。学校秉承"与祖国同行，以科教济世"的优良传统，目前已发展成为一所特色鲜明、在海内外有较大影响力的综合性、研究型、国际化大学。

截至2024年，学校学科设置涵盖工学、理学、医学、管理学、经济学、哲学、文学、法学、教育学、艺术学、交叉学科等11个门类。现有本科招生专业73个，硕士学位一级学科授权点46个，专业硕士学位授权点28个，博士学位一级学科授权点37个，专业博士学位授权点10个，博士后流动站30个，基础学科拔尖学生培养基地6个。全日制本科生1.8万余人，硕士研究生1.1万余人，博士研究生8 000余人，另有国际学生4 000余人。拥有专任教师2 800余人，其中专业技术职务正高级1 000余人，中国科学院院士17人（含双聘），中国工程院院士26人（含双聘），发展中国家科学院院士及美国、德国、瑞典等国科学院或工程院外籍院士30人次。

同济大学始终坚持以本科教育为立校之本，全面落实立德树人的根本任务，秉持与"同济天下、崇尚科学、创新引领、追求卓越"新时代同济文化一脉相承的人才培养理念，以学生成长为中心，以促进学生德智体美劳全面发展为目标，着力培养具备"通专基础、学术素养、创新思维、实践能力、全球视野、社会责任"综合素质、担当民族复兴大任、引领未来的社会栋梁与专业精英。

1.1.2 专业特色

地质工程是解决工程活动与地质体相互作用产生的地质与环境问题的科学，是一门地质学与工程学的交叉学科。同济大学地质工程专业具有深厚的学科底蕴和历史积淀。1952年，全国高校院系调整，同济大学开设了工程地质、水文地质学等教学课程，以及实习、实践等教学环节。1958年，地质工程专业开始招收本科生，1984年开始，先后获得硕士、博士学位授予权并设立博士后流动站。2007年，获评上海市重点学科；2009年，被教育部、财政部列入"第四批高等学校特色专业建设点"；2013年，获得教育部、财政部"高等学校本科教学质量与教学改革工程"综合改革试点专业。2016年，通过了中国工程教育专业认证，本科学历获得了其他18个《华盛顿协议》成员国（地区）的国际互认。2018年，获地质资源与地质工程一级学科博士授权点。2019年，通过中国工程教育专业认证复评，入选教育部"双万计划"首批一流本科专业。2023年"软科中国最好专业排名"中，位列全国第4（A类专业）；最新一期CWUR世界大学专业排名第2（2018年）。

同济大学地质工程专业拥有一支高水平、国际化的师资队伍。截至2024年，41位教师中，95%拥有海外学习经历，83%为省部级以上人才计划获得者，含中国工程院院士1人、日本工程院外籍院士1人、国家级高层次人才11人。100%的教师具有企业工作经历，80%的教师具有出国学习、进修和合作科研的经历。

同济大学地质工程专业立足上海、面向世界，服务"深海、深地、深空"等国家战略，全面支撑国家和行业未来发展需求，并通过多学科交叉融合，助力城市建设与运维的智慧、绿色和韧性。专业人才培养坚持"共性基础＋个性发展"的创新人才培养模式，制定了个性化人才培养方案，实现本硕博一体化贯通式培养。课程体系强调地质、工程、力学三者结合，重点解决城市建设与灾害防治中的工程地质问题；人才培养坚持科教融合、"小班化"和"国际化"精英教学，借力强势科研带动人才培养质量的提升。对地质工程专业学生一年级至二年级注重培养通识基础，二年级至三年级注重夯实专业基础，三年级至四年级注重提升执业能力，同时结合本科生导师制，实现人才的个性化培养。

1.2 专业培养目标与育人要求

1.2.1 培养目标

同济大学地质工程专业面向国家、社会经济与行业发展需求，立足同济大学本科教育定位以及地质工程专业办学定位，制定了包含育人和育才目标的专业培养目标。本节以2022级地质工程专业培养目标为例进行介绍。

培养面向未来国家建设和行业发展需求，德智体美劳全面发展，基础理论扎实、专业知识宽广、实践能力突出，科学与人文素养深厚，具有崇尚科学、追求卓越的精神，掌握地质学和工程学的基本原理和方法，具备分析、解决复杂工程地质问题的基本能力，能胜任地质工程及相关领域的工程勘察、设计、咨询、施工和管理等方面的工作，具有终身学习能力、系统思维、创新能力、国际视野和领导能力的社会栋梁和专业精英。

毕业五年左右，学生能通过继续深造或自主学习，德智体美劳持续发展，具备工程师的执业能力，能胜任地质工程、岩土工程及相关领域工程设计、项目管理、技术开发或科学研究等团队骨干的工作，适应行业和科技的最新发展。

培养面向未来国家建设和行业发展需求，德智体美劳全面发展的社会栋梁和专业精英，是地质工程专业人才培养的总目标，其可以分解为以下4个具体目标，4个目标将价值塑造、知识传授和能力培养三者融为一体。

目标1：具有深厚的科学与人文素养，具有崇尚科学、追求卓越的精神。

目标2：具有扎实的基础理论、宽广的专业知识、突出的实践能力，掌握地质学和工程学的基本原理和方法。

目标3：具备分析、解决复杂岩土体工程地质问题的基本能力。

目标4：具有终身学习能力、系统思维、创新能力、国际视野和领导能力。

1.2.2 育人要求

地质工程专业依据《指南》的要求，结合人才培养目标，制定了覆盖地质类10项通用育人要求来支撑育人目标的达成。经教学工作委员会拟定初稿、专业教师征求意见、学院教务委员会审核，将10项通用育人要求细分为28个二级指标点，详见表2.1.1。

表 2.1.1 育人要求指标点

育人要求	指标点编号	指标点内容
1. 政治认同	指标点 1.1	引导学生用历史唯物主义和辩证思维审视人类历史发展，坚定中国特色社会主义道路，树立共产主义远大理想和中国特色社会主义共同理想
	指标点 1.2	教育引导学生用马克思主义基本原理和中国特色社会主义的先进理论武装思想，从历史与现实、理论与实践等维度深刻理解习近平新时代中国特色社会主义思想
	指标点 1.3	引导学生深刻认识坚持党的领导是我国地质事业的根本政治保证，坚定中国特色社会主义道路自信、理论自信、制度自信、文化自信

(续表)

育人要求	指标点编号	指标点内容
2. 天下意识	指标点 2.1	引导学生树立"人类命运共同体"的价值观,树立建立"人类命运共同体"的坚定信念
	指标点 2.2	引导教育学生认识地质的时空观、物质观与人类文明脉络,树立献身地质工程事业和肩负民族复兴重任的崇高理想
	指标点 2.3	培养学生跨文化思考习惯,熟悉国际规则和国际习惯,提升学生的全球视野
3. 家国情怀	指标点 3.1	引导教育学生培育和践行社会主义核心价值观,把国家、社会、公民的价值要求融为一体,厚植报效祖国、服务人民的爱国精神
	指标点 3.2	引导学生了解地质史与社会发展的历史关系,客观认识当代国家需求和地质工程师专业责任,激发学生的专业自豪感
	指标点 3.3	引导学生深刻认识专业在国民经济发展中的基础地位,激发学生将个人理想追求与国家命运深度融合的家国情怀和担当意识
4. 科学精神	指标点 4.1	引导学生了解地质工程的重大科技突破和学术前沿,培养学生仰望星空、脚踏实地的学术品格
	指标点 4.2	引导学生理解地质工程学科发展作为国家发展战略支撑的重大意义,培养学生在地质工作中追求真理、崇尚创新、尊重实践、弘扬理性的科学精神
	指标点 4.3	引导教育学生牢固树立正确的价值观,将个人价值与社会价值相统一,树立淡泊名利、潜心研究的奉献精神
5. 人文素养	指标点 5.1	引导学生深刻理解中华优秀传统文化中讲仁爱、重民本、守诚信、崇正义、尚和合、求大同的思想精华和时代价值,自觉传承中华文脉
	指标点 5.2	引导学生了解文学、历史、哲学、艺术等人文社会科学的基本知识,具有良好的文化品位、审美情趣、心理素质等综合品质
	指标点 5.3	引导学生了解工程地质与社会、健康、安全、法律以及文化的关系,引导学生从人文社会科学视角审视复杂地质工程问题
6. 法治意识	指标点 6.1	引导学生了解国家宪法和基本法律、法规的知识,具有法治观念和法律意识
	指标点 6.2	引导学生了解地质工程行业相关的法律法规,熟悉环境资源保护和可持续发展等方面的政策、法规
	指标点 6.3	引导学生正确认识工程对环境和社会的影响
7. 道德修养	指标点 7.1	培养学生爱岗敬业、诚实守信、办事公道、服务群众、奉献社会的道德修养
	指标点 7.2	教育引导学生能够在工程实践中理解并遵守地质行业的工程伦理和职业道德
	指标点 7.3	引导学生具有正确的劳动价值观,树立劳动光荣的观念,珍惜劳动成果
8. 地质品质	指标点 8.1	教育引导学生深刻理解中国地质精神的思想精华和时代价值,自觉践行和发扬中国地质精神
	指标点 8.2	培育学生胸怀宽广、无私奉献、艰苦奋斗、开拓创新、奋发有为的地质品质

(续表)

育人要求	指标点编号	指标点内容
8. 地质品质	指标点 8.3	培养学生敬业、精益、专注、创新的大国工匠精神
9. 地质思维	指标点 9.1	引导学生深刻认识地质的多尺度物质观和时空观，培养学生的系统演化观、人地互馈观、多维时空观等特有的地质思维
	指标点 9.2	厚植地质先行、人与自然和谐共处的绿色发展理念
10. 学校精神	指标点 10.1	引导学生具有终身学习能力、系统思维、创新能力、国际视野和领导能力的引领未来发展的综合特质
	指标点 10.2	引导学生深刻理解并践行同济天下、崇尚科学、创新引领、追求卓越的同济精神

1.3 课程体系与育人矩阵

1.3.1 课程体系

地质工程专业的课程体系包括通识教育课程（包括通识必修课和通识选修课）、公共基础课程、专业教育课程（包括专业基础课、专业必修课、专业选修课）和实践环节课程。地质工程专业课程体系及学分要求，如表 2.1.2 所列。专业课程体系知识结构，如表 2.1.3 所示。

表 2.1.2 地质工程专业课程体系及学分要求

课程类型		学分	比例
通识教育课程	通识必修课	24	14.6%
	通识选修课	8	4.8%
公共基础课程		41.5	25.2%
专业教育课程	专业基础课	45.5	27.6%
	专业必修课	7.5	4.5%
	专业选修课	3	1.8%
实践环节课程		35.5	21.5%
合计毕业学分		165	100%

表 2.1.3　地质工程专业课程体系知识结构表

类别	学期							
	第一学期	第二学期	第三学期	第四学期	第五学期	第六学期	第七学期	第八学期
思政课	• 中国近现代史纲要 • 军事理论	• 思想道德与法治	• 形势与政策 • 毛泽东思想和中国特色社会主义理论体系概论	• 马克思主义基本原理		• 习近平新时代中国特色社会主义思想概论		
体育课	• 体育							
英语课	• 大学英语	• 国际交流英语视听说Ⅰ	• 学术英语写作Ⅰ					
计算机课		• 大学计算机	• C++程序设计/Python程序设计	• 人工智能技术与应用				
物理课		• 普通物理B • 物理实验						
化学课	• 普通化学 • 普通化学实验							
数学课		• 高等数学 • 线性代数	• 概率论与数理统计					
工程制图课	• 画法几何	• 工程制图						
专业基础课	• 专业导论（土木与环境类）	• 工程力学Ⅰ	• 工程力学Ⅱ • 基础地质 • 地质工程导论（全英语） • 流体力学	• 结构力学Ⅰ • 测量学B • 矿物与岩石学 • 构造地质 • 水文地质学	• 弹性力学 • 土质学与土力学 • 荷载与结构设计原则 • 混凝土结构基本原理 • 岩体力学 • 地貌学与第四纪地质	• 基础工程设计原理 • 地球物理勘探原理 • 工程地质分析原理 • 地下水动力学（全英语）		
专业必修课					• 工程地质勘察		• 地基处理 • 工程地下水 • 支挡结构	
专业选修课					• 地质工程数值法 • 工程造价 • 土动力学		• 污染土评价与修复 • 土工合成材料 • 地震工程地质	

1.3.2 育人要求指标矩阵

育人要求需全面覆盖课程体系，实现各类课程与思想政治理论课的同向同行、协同育人。地质工程专业课程体系包括通识教育课程、公共基础课程、专业教育课程和实践环节课程。通识教育课程包括思政、体育、计算机、经济管理、法学伦理和美育类课程，公共基础课程包括数学、物理、化学和制图类课程。由学校层面根据大类人才培养目标和特点制定通识教育课程和公共基础课程的育人要求，重点引导学生树立政治认同、天下意识，激发学生家国情怀，增强法治意识和科学精神，提升人文素养和道德修养。

专业根据育人要求建立专业教育课程和实践环节课程的育人指标体系，学院教学工作委员会组织任课教师对 28 个育人要求指标点的支撑课程和教学活动进行研讨，形成课程和教学活动支撑育人要求指标点的关系矩阵图。经学院教务委员会审核通过后，组织专业教师依据关系矩阵图进行课程大纲的修订，确认课程目标对育人要求指标点的支撑关系（表 2.1.4），最终建立"培养目标—育人要求—课程体系"三者之间的内在逻辑，厘清每门课程在培养过程中所发挥的育人作用，以及如何支撑培养目标和育人要求的达成。

1.4 专业课程思政教学实施

1.4.1 教学大纲

结合学校三类责任岗位改革，明确了课程（链）责任岗位、专业责任岗位、学科责任岗位的课程思政建设任务。根据专业的育人要求，形成具有课程思政内涵的专业课程教学大纲模板，结合课程思政内涵，深入挖掘各课程的育人元素，再按照育人知识点与知识结构的有机结合，编写具有课程思政内涵的全专业课程教学大纲。教学大纲明确包含思政教学点的课程计划、各类能力或目标的教学方法和实现途径、考核内容、考核方式、拓展教育资源，以及对应的毕业要求。

1.4.2 教学团队

1. 教学团队责任岗位

结合学校课程思政综合改革，建立了各级教学团队岗位责任，明确了课程（链）责任

表 2.1.4 同济大学地质工程专业教育课程支撑育人要求指标矩阵

课程类型	课程名称	1. 政治认同			2. 天下意识			3. 家国情怀			4. 科学精神			5. 人文素养			6. 法治意识			7. 道德修养			8. 地质品质			9. 地质思维		10. 学校精神	
		1.1	1.2	1.3	2.1	2.2	2.3	3.1	3.2	3.3	4.1	4.2	4.3	5.1	5.2	5.3	6.1	6.2	6.3	7.1	7.2	7.3	8.1	8.2	8.3	9.1	9.2	10.1	10.2
专业基础课	专业导论（土木与环境类）	✓							✓																	✓		✓	✓
	工程力学I											✓																	
	工程力学II											✓														✓			
	测量学B											✓													✓				
	结构力学I											✓													✓	✓			
	矿物与岩石学					✓																			✓	✓			
	弹性力学											✓																	
	土质学与土力学								✓			✓													✓	✓			
	荷载与结构设计原则								✓			✓										✓							
	混凝土结构基本原理																						✓			✓			
	基础工程设计原理									✓		✓																	
	基础地质					✓										✓									✓	✓			
	构造地质					✓																			✓		✓		

（续表）

课程类型	课程名称	1. 政治认同			2. 天下意识			3. 家国情怀				4. 科学精神			5. 人文素养			6. 法治意识			7. 道德修养			8. 地质品质			9. 地质思维		10. 学校精神	
		1.1	1.2	1.3	2.1	2.2	2.3	3.1	3.2	3.3	3.4	4.1	4.2	4.3	5.1	5.2	5.3	6.1	6.2	6.3	7.1	7.2	7.3	8.1	8.2	8.3	9.1	9.2	10.1	10.2
专业基础课	流体力学																													
	岩体力学											√															√			
	水文地质学					√										√											√			
	地质工程导论（全英语）			√						√						√										√		√		
	地貌学与第四纪地质								√																		√			
	地下水动力学（全英语）															√												√		
	地球物理勘探原理					√																			√		√			
	工程地质分析原理												√									√			√					
专业必修课	工程地质勘察																		√	√						√	√			
	地基处理													√					√							√	√			
	工程地下水									√																√		√		
	支挡结构																			√						√	√			
专业选修课	污染土评价与修复																						√			√				

（续表）

课程类型	课程名称	1.1	1.2	1.3	2.1	2.2	2.3	3.1	3.2	3.3	3.4	4.1	4.2	4.3	5.1	5.2	5.3	6.1	6.2	6.3	7.1	7.2	7.3	8.1	8.2	8.3	9.1	9.2	10.1	10.2
专业选修课	土工合成材料																									✓	✓			
	地震工程地质					✓																					✓			
	地质工程数值法												✓														✓			
	工程造价																					✓				✓				
	土动力学																										✓			
实践环节	社会实践		✓			✓				✓					✓	✓														
	认识实习	✓																	✓	✓						✓			✓	✓
	工程实践					✓							✓					✓	✓	✓		✓								✓
	基础地质实习									✓			✓											✓		✓				
	测量实习					✓							✓				✓									✓				
	构造地质实习												✓				✓					✓		✓		✓				
	构造地质课程设计												✓													✓				
	水文地质抽水实验												✓							✓				✓						
	工程地质勘察实习									✓				✓						✓		✓				✓				
	工程地质实习												✓											✓		✓				

（续表）

课程类型	课程名称	1. 政治认同			2. 天下意识			3. 家国情怀			4. 科学精神			5. 人文素养			6. 法治意识			7. 道德修养			8. 地质品质			9. 地质思维		10. 学校精神	
		1.1	1.2	1.3	2.1	2.2	2.3	3.1	3.2	3.3	4.1	4.2	4.3	5.1	5.2	5.3	6.1	6.2	6.3	7.1	7.2	7.3	8.1	8.2	8.3	9.1	9.2	10.1	10.2
实践环节	工程造价上机																												
	毕业设计（论文）							√			√						√											√	√
	基础地质实验								√		√														√				
	混凝土结构基本原理实验										√														√				
	土力学实验										√														√				
	岩体力学实验					√					√														√				
	水文地质学实验								√		√														√				
	地基处理课程设计					√					√							√					√						
	工程地下水课程设计										√				√			√							√				
	矿物与岩石学实验										√														√				
	岩土动力学试验										√														√				

岗位、专业责任岗位、学科责任岗位和课程责任岗位的课程思政建设任务：①课程（链）责任岗位的工作重点在于育人逻辑梳理、思政元素挖掘和教学团队建设；②专业责任岗位的工作重点在于育人目标制定、课程体系设计、育人成效持续改进；③学科责任岗位的工作重点在于育人环境营造、教师育人能力提升、育人质保体系构建；④课程责任岗位的工作重点在于教学大纲编制、课程教学设计和教学资源建设。

2. 教师的基本要求

教师要建立将价值塑造、知识传授和能力培养融为一体的育人理念；要深刻理解课程思政内涵，切实认识到每一门课程都须具有育人功能，并主动承担起育人责任，守好一段渠、种好责任田；要充分利用课堂教学主渠道，科学设计课程思政教学内容，把课程思政理念有机融入所授课程教学；要坚持言传与身教相结合，为人师表，做好示范，以自身深厚的理论功底、知识、阅历、智慧和人格魅力滋养学生，寓价值观引导于知识传授和能力培养中，帮助学生塑造正确的世界观、人生观和价值观。

3. 提升教师育人意识和能力

学校搭建各类学习交流平台，全覆盖开展课程思政培训。常态化组织教师参加全国教师网络培训中心的专题网络培训活动；定期举办课程思政专题教师沙龙、示范课堂展示观摩活动等；建设课程思政成果展示网站，促进优质资源共享共用。依托课程思政教学研究中心，组织专业学院与马克思主义学院开展结对教研和集体备课活动，促进思政课教师与专业课教师共建共研。将课程思政纳入教师岗前或在岗培训、教学能力专题培训、师德师风建设工作等领域。充分发挥教研室、教学团队、课题组等基层教学组织作用，鼓励各学院建立课程思政集体教研制度。推出一批课程思政示范课程、教学名师、示范团队，向全体教师推广好经验、好做法。

目前，同济大学地质工程专业入选"2019年上海高校课程思政领航计划"领航团队1个，上海市市级领航课程7门，同济大学校级课程思政链1个，课程思政建设初具规模，教师育人意识强烈，育人能力得到全面提升，育人效果显现。

1.4.3 教材资源建设与管理

同济大学加强教材建设和管理，设立校院两级教材决策、管理机构。学校教材建设委员会是统筹学校教材工作的决策机构，对学校教材工作方面的重大事项进行审议、评议、指导和监督；各教学单位教材管理机构负责本单位教材建设管理工作，接受学校教材建设委员会的指导和监管。规范教材使用，提高教材使用质量，教材使用建立逐级审定机制；专业课程优先使用近三年出版的国家级规划教材、省部级规划教材等高质量教材。加大对教材建设的资金投入，鼓励教学科研一线的思想政治素质高、有丰富经验和较高水平的教师编写凸显思政教育导向、弘扬社会主义核心价值观并具有同济特色的专业课程教材。

加强网络资源建设与管理，积极开展先锋模范人物及其事迹的网络宣传，引导师生积极向榜样学习。充分利用"同济大学""同济大学生""青春同济"等微信公众号以及易班、同心云等平台，将线下主题教育延伸到互联网。精心策划"辅导员有约""继传统，济文化"等专题内容，建设红色故事会、"同心济语"等栏目，运用漫画、微电影、辅导员电台等方式开展思政教育。加强教学资源建设，充分利用网络等信息技术手段，建立健全优质资源共享机制，建设一批可复制、可推广、有机融合思政教育内容的示范性专业课程教学视频和课程平台，促进优质资源在各区域、各层次、各类型的高校间共享共用。

1.5 教学评价与管理

1.5.1 教学评价

根据专业认证的理念，建立多方位评教、评学的评价机制和评价方法，对课程思政的达成度、课程思政老师的胜任度进行全方位的评价和反馈。按照专业认证的要求，将课程思政的目标融入专业认证的毕业要求中，并分解到各个课程的不同环节和知识点上，按照毕业要求达成度的评价方式，进行课程思政目标达成度计算和效果评价。

同济大学始终把教师立德树人、潜心教书育人作为首要标准。为保证并提高本科生和研究生教育思想政治理论课课堂教学质量，学校制定了《同济大学思想政治理论课课堂教学质量评价表（试行）》，从教学态度、教学内容、教学方法、教学效果四个方面开展教学评价。同时，为保证学生评教的客观公正性，学校充分发挥各级各类教学指导委员会、学科评议组、专业学位教育指导委员会、行业职业教育教学指导委员会等专家组织作用，邀请专家组织定期开展专业教学评教活动。

1.5.2　教学管理

进一步完善质量保障体系,将专业课程的思政教学要求纳入课堂教学质量评价指标,发挥学校教学督导队伍作用,加强思政教育与专业教育有机融合的课堂教学过程与教学效果的督查。

将思政教育与专业教育有机融合的成效作为学校考评及教职工年度考核、岗位聘用、职称评定、评优奖励、干部选拔的依据之一。在教学成果奖、教材奖等各类成果的表彰奖励工作中,突出课程思政要求,加大对课程思政建设优秀成果的支持力度。设立专项基金,定期评选师德师风先进个人,引导广大教师以德立身、以德立学、以德施教,坚持言传和身教相统一。

建立中青年教师社会实践和校外挂职的综合培养制度,引导教师将坚持潜心问道和关注社会相统一。加强教师教育管理和纪律约束,引导教师坚持学术自由和学术规范相统一。对违反法律法规、校纪校规的,要依法依规及时处理。

2 中国地质大学（武汉）资源勘查工程专业课程思政教学实践

2.1 学校简介与专业特色

2.1.1 学校简介

中国地质大学（武汉）创建于 1952 年，前身是北京地质学院。学校于 1960 年成为全国重点高校，1986 年成为全国试办研究生院的高校，1997 年首批进入"211 工程"重点建设行列，2006 年成为教育部优势学科平台建设项目资助高校，2017 年首批获得"双一流"建设项目资助，2022 年再次入选新一轮国家"双一流"建设。

学校以地球科学为主要特色，学科涵盖理学、工学、文学、管理学、经济学、法学、教育学、艺术学等门类。截至 2024 年，学校有 23 个学院，70 个本科专业；有 16 个一级学科博士点，34 个一级学科硕士点，15 个博士后科研流动站；有工程硕士、MBA、MPA 等 10 个专业学位授予权，其中工程硕士专业包含 14 个工程领域。学校全日制在校学生 3.1 万余人，包括本科生 1.8 万余人，硕士研究生 1 万余人，博士研究生 2 000 余人，国际学生约 800 人。拥有专任教师 1 900 余人，其中专业技术职务正高级 500 余人，副高级 800 余人，中国科学院院士 12 人，中国工程院院士 1 人。

中国地质大学（武汉）坚持弘扬"艰苦朴素，求真务实"的校训精神，坚持弘扬"严在地大"的校风学风，坚持弘扬"谋求人与自然和谐发展"的价值观，以学科建设为龙头，以人才队伍建设为核心，以教育教学质量为生命线，全面落实立德树人任务，以培养"品德高尚、基础厚实、专业精深、知行合一"的优秀人才为目标，努力构建跨学科专业交叉融合、教学与科研实践融合、创新创业教育与专业教育融合的"三融合"人才培养模式，着力为解决区域、行业乃至人类面临的资源环境问题提供高水平的人才和科技支撑。

2.1.2 专业特色

中国地质大学（武汉）资源勘查工程专业具有深厚的学科底蕴和历史积淀，前身可追溯到原北京地质学院建校之初的矿产地质与勘探专业。该专业是教育部一类特色专业（2007年），首批"卓越工程师教育培养计划"建设专业（2010年），原国土资源部批准设立的全国唯一"地质工科人才培养基地班"所在专业（1996年），在全国历次专业排名中都名列第一。资源勘查工程专业定位是培养德智体美劳全面发展，适应社会经济发展需要，具有家国情怀、良好人文社会科学素养、高度社会责任感与高尚工程职业道德，系统掌握资源能源的基本理论、基本方法和技能，获得相关工程训练，具有较强创新意识、较宽国际视野和跨文化交流、竞争与合作能力，能在国内外从事资源能源勘查评价、开发、科学研究及经营管理等方面工作的高级工程技术人才和管理人才。

中国地质大学（武汉）资源勘查工程专业拥有一支德才兼备的高水平教师队伍，截至2024年，有专任教师115人，其中教授47人、博士生导师36人。教授中有中国科学院院士2人、国家杰青4人、"长江学者"特聘教授4人、国家"万人计划"领军人才2人、国家"百千万人才工程"3人、国家优青和中组部青年千人4人、全国模范教师1人、湖北省名师1人、湖北"十佳师德标兵"1人、"湖北师德先进个人"1人。拥有国家级教学团队1个、国家"黄大年式教师团队"1个、湖北省教学团队1个、湖北省优秀基层教学组织4个、湖北省名师工作室1个；建设有国家级实验教学示范中心1个、国家级虚拟仿真实验教学中心1个、湖北省高等学校实验教学示范中心1个。建成国家一流本科课程5门、国家精品资源共享课程2门、国家精品视频公开课1门、湖北省一流本科课程9门、湖北省精品课程2门、湖北省精品视频公开课1门；入选国家级规划教材4部、获首届国家教材奖二等奖1项；资源勘查课程群获批教育部第二批虚拟教研室建设点；获批教育部第二批新工科研究与实践项目1项；2022年获湖北省教学成果特等奖2项、一等奖1项，2023年获高等教育（本科）国家级教学成果二等奖1项。

中国地质大学（武汉）资源勘查工程专业具有优良育人传统、强大教学团队和优质教学资源，形成了较为先进的教育理念和人才培养模式。人才培养坚持科教融合、产教协同、小班化和国际化、创新型和实践型，实行本科生全员导师制，所有学生在本科期间均进入导师课题组。专业秉承实践育人优良传统，实践教学学分占比超过20%，拥有周口店、北戴河、秭归、江汉油田、大冶和咸宁6个野外教学实习基地和23个产学研基地，与国外高校合作共建了6个海外联合野外地质实践教学基地。毕业生具有较扎实的专业基础、创新能力、国际视野，获得了业界广泛的认可。据不完全统计，该本专业本科毕业生中有 17 人成长为中国工程院和科学院院士。

2.2 专业培养目标与育人要求

2.2.1 培养目标

资源勘查工程专业坚持立德树人根本任务，面向国家资源能源发展战略和新工科建设要求，培养德智体美劳全面发展的，具有宽厚的基础理论知识、扎实的工程实践能力、强烈社会责任感、良好创新精神、开阔国际视野和优秀个人综合素质的社会主义建设者和接班人；系统掌握资源能源（金属和非金属矿产、油气、煤和煤层气、地热、天然气水合物等）形成与分布规律，以及勘查的基本理论、基本方法和基本技能，知识、能力、素质协调发展，获得相应的工程训练，能够运用资源勘查基本原理、方法和技术手段，分析解决资源勘查复杂工程问题；能在相关政府机关、企业、事业等单位从事资源能源勘查领域的工程设计、勘查评价、开发、科学研究及经营管理等工作。资源勘查工程专业有工科基地班、卓越工程师班、新能源英才班三种培养模式（图 2.2.1—图 2.2.3），毕业生能够具备工程师的素质和能力，能在地勘、矿山、油田、设计院所等企事业单位成为业务骨干、技术负责或项目管理人才。

2.2.2 育人要求

资源勘查工程专业深入挖掘课程思政教育资源，优化课程思政教学设计，推动思想政治工作贯通资源勘查工程专业课内教学、课外活动、野外实践、网络阵地和科研训练等各个方面，切实将思想政治教育贯穿人才培养与学科专业建设全过程，形成协同育人效果，推动学科专业内涵建设、高质量发展，提升立德树人的针对性和实效性。本专业重点构建了"五个课堂"思政模式支撑育人目标的达成。

（1）立足课内教学，大力推动课程思政建设。制定课程思政实施方案，采取项目化方式，先期重点布局一批示范课堂和示范课程，扶持一批教学团队，加强课题设置和科学研究工作，形成示范带动效应；后期在总结成功案例和经验的基础上，开展经验交流，全面推进课程思政建设，重点建设一批网络公开课和网络精品课程。围绕专业报国实践、学科发展前沿、校友成长故事等方向，跨专业方向、跨职称类型组建教学团队，打造 1～

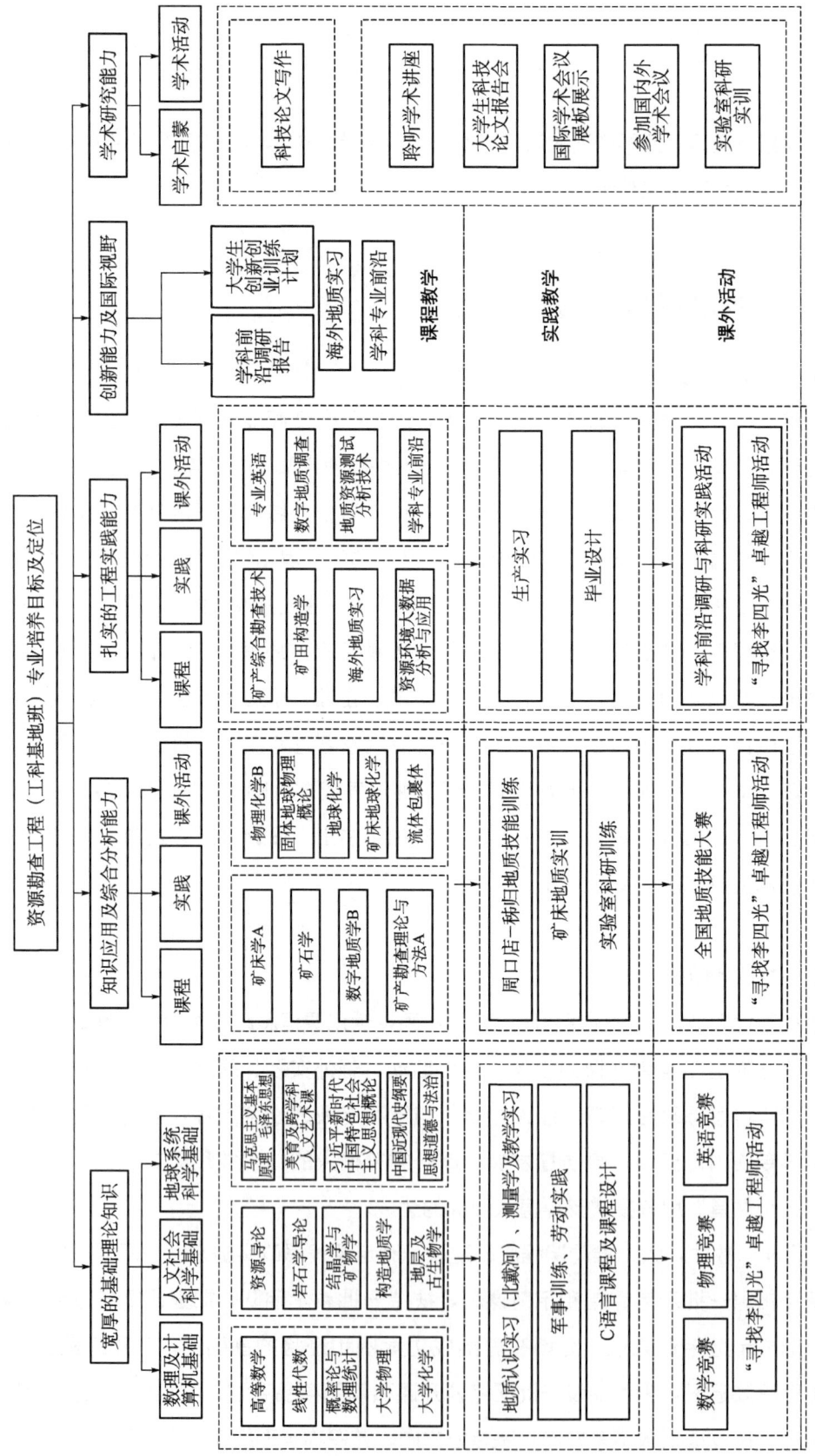

图 2.2.1 资源勘查工程（工科基地班）专业培养目标及定位

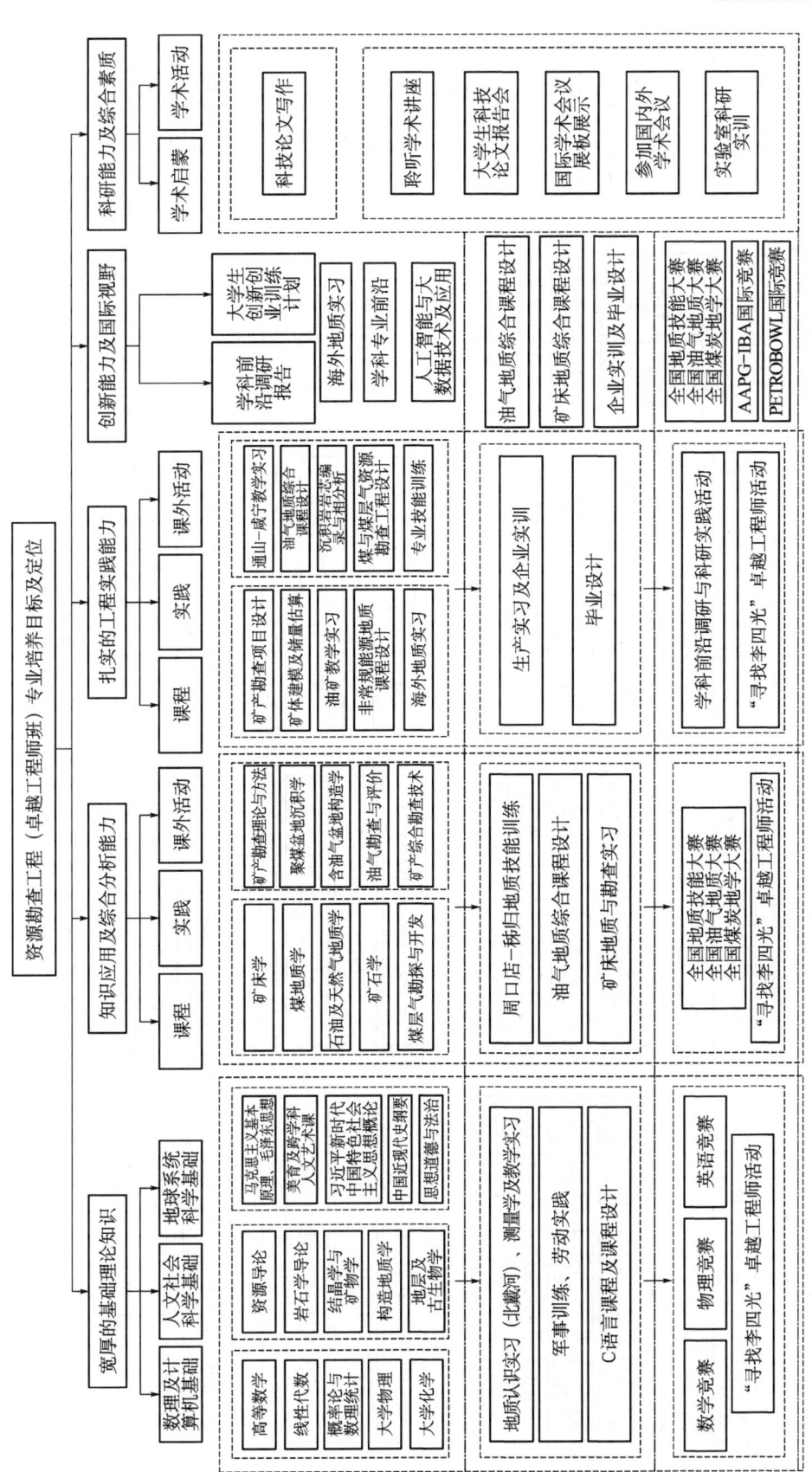

图2.2.2 资源勘查工程（卓越工程师班）专业培养目标及定位

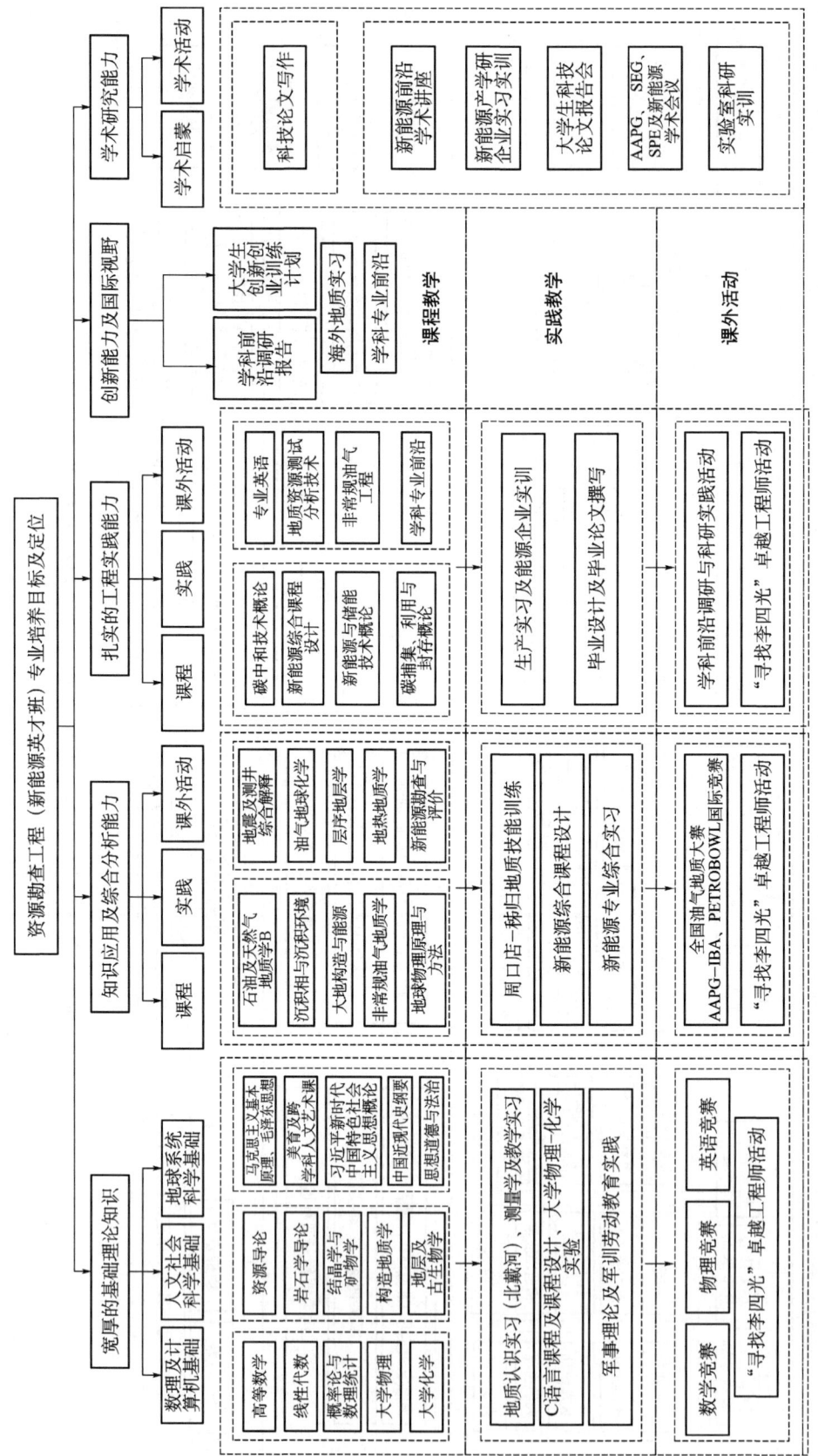

图 2.2.3 资源勘查工程（新能源英才班）专业培养目标及定位

3门专业课程中的"思政金课"。

（2）丰富课外活动，促进学生全面成长成才。打造"寻找李四光·卓越地质师培育工程""红星·党、团、学综合育人联盟"两大平台，坚持"五育并举"，建设第二课堂成绩单体系，有序组织实施统筹思想教育、科普双创、社会实践、志愿服务、文化艺术、军事训练、生产劳动等课外活动。依托"寻找李四光·卓越地质师培育工程"，组织全国高校资源能源院（系）学生骨干论坛暨地学知识与技能大赛，打造地质类全国高校综合性协同实践育人平台。

（3）厚植野外实践，打造青春爱国行走课堂。加强野外实践教学思政设计，开展野外教学思政元素挖掘竞赛，打造实习日记、实习风采展、实习宣传创意赛、实习红旅"1+1"等系列思政类活动，充分挖掘独有的周口店、北戴河、秭归等实习基地思政育人元素，构建行走式教学思政模式。

（4）抢占网络阵地，健全精准沉浸思政机制。在全面加强网络思想政治教育的同时，积极推进学院"融媒体＋"建设，加快建设"媒体＋讯息""媒体＋决策""媒体＋管理""媒体＋服务"信息化平台，加强思想政治教育新媒体化表达，扩大网络阵地育人覆盖面，建立充分反映学生状态的"大数据中心"，系统记录学生在校期间包含学业发展、生活轨迹、行为规范、奖励资助、实习实践、公益服务等在内的"学生成长档案"，推动日常管理精准有序作业。

（5）强化科研训练，巩固拓展实训平台阵地。坚持"专业兴趣培养—室内基础培训—野外技能培训"三位一体的科研训练模式，精心设计学生科技活动，广泛开辟学生实践、实习、实训基地，积极推动校校、校企联合培养，强化学生科技前沿认知，提升学生科研实践和应用能力。

资源勘查工程专业依据《指南》要求，结合人才培养目标，编制了覆盖地质类10项通用育人要求的30个二级指标点，详见表2.2.1。

表2.2.1　育人要求指标点

育人要求	指标点编号	指标点内容
1. 政治认同	指标点1.1	教育引导学生深入学习领会习近平新时代中国特色社会主义思想，深刻认识"两个确立"的决定性意义，做到"两个维护"

(续表)

育人要求	指标点编号	指标点内容
1. 政治认同	指标点 1.2	教育引导学生从历史与现实、理论与实践等维度深刻理解党的百年奋斗重大成就和历史经验，引导学生坚决维护党中央权威和集中统一领导，自觉在思想上、政治上、行动上同党中央保持高度一致，筑牢听党话、跟党走的政治根基
	指标点 1.3	引导学生深刻认识坚持党的领导是我国地质事业的根本政治保证，坚定中国特色社会主义道路自信、理论自信、制度自信、文化自信
2. 天下意识	指标点 2.1	引导学生树立"人类命运共同体"的价值观，树立建立"人类命运共同体"的坚定信念
	指标点 2.2	引导学生树立"人与自然生命共同体"的价值观，增强服务美丽中国、宜居地球的使命意识
	指标点 2.3	引导教育学生认识地质的时空观和物质观与人类文明脉络，树立献身地质事业、肩负民族复兴重任、谋求世界大同的崇高理想
	指标点 2.4	培养学生跨文化思考习惯，熟悉国际规则和国际习惯，提升学生的国际交流能力和全球视野
3. 家国情怀	指标点 3.1	引导教育学生培育和践行社会主义核心价值观，厚植报效祖国、服务人民的爱国精神
	指标点 3.2	引导学生了解地质史与社会发展的历史关系，客观认识当代国家需求和资源勘查工程专业责任，激发学生的专业自豪感和地质报国使命感
	指标点 3.3	引导学生深刻认识矿产资源是经济社会发展的重要物质基础，矿产资源勘查开发事关国计民生和国家安全，激发学生将个人理想追求与国家命运深度融合的家国情怀和担当意识
4. 科学精神	指标点 4.1	引导学生了解资源勘查工程的重大科技突破和学术前沿，培养学生仰望星空、脚踏实地的学术品格
	指标点 4.2	引导学生理解地质资源学科发展作为国家发展战略支撑的重大意义，培养学生在地质工作中追求真理、崇尚创新、尊重实践、弘扬理性的科学精神
	指标点 4.3	引导教育学生牢固树立正确的价值观，将个人价值与社会价值相统一，树立淡泊名利、潜心研究的奉献精神
5. 人文素养	指标点 5.1	引导学生深刻理解中华优秀传统文化中讲仁爱、重民本、守诚信、崇正义、尚和合、求大同的思想精华和时代价值，自觉传承中华文脉
	指标点 5.2	引导学生了解文学、历史、哲学、艺术等人文社会科学的基本知识，具有良好的文化品位、审美情趣、心理素质等综合品质
	指标点 5.3	引导学生了解资源能源与社会、健康、安全、法律以及文化的关系，引导学生从人文社会科学视角审视复杂资源勘查工程问题
6. 法治意识	指标点 6.1	引导学生了解国家宪法和基本法律、法规的知识，具有法治观念和法律意识
	指标点 6.2	引导学生了解资源勘查行业相关的法律法规，熟悉环境资源保护和可持续发展等方面的政策、法规
	指标点 6.3	引导学生正确认识资源与环境的关系、工程对环境和社会的影响

(续表)

育人要求	指标点编号	指标点内容
7. 道德修养	指标点 7.1	培养学生爱岗敬业、诚实守信、办事公道、服务群众、奉献社会的道德修养
	指标点 7.2	教育引导学生能够在工程实践中理解并遵守地质行业的工程伦理和职业道德
	指标点 7.3	引导学生树立正确的劳动价值观，珍惜劳动成果
8. 地质品质	指标点 8.1	教育引导学生深刻理解"三光荣"等地质精神的思想精华和时代价值，自觉弘扬爱国奉献、开拓创新、艰苦奋斗的优良传统
	指标点 8.2	培育学生胸怀宽广、无私奉献、艰苦奋斗、开拓创新、奋发有为的地质品质
	指标点 8.3	培养学生敬业、精益、专注、创新的大国工匠精神
9. 地质思维	指标点 9.1	引导学生深刻认识地质的多尺度物质观和时空观，培养学生的系统演化观、人地互馈观、多维时空观等特有的地质思维
	指标点 9.2	厚植地质先行、人与自然和谐共处的绿色发展理念
10. 学校精神	指标点 10.1	引导学生努力成长为"品德高尚、基础厚实、专业精神、知行合一"的高素质拔尖创新人才
	指标点 10.2	引导学生深刻理解并践行"艰苦朴素，求真务实"的校训精神
	指标点 10.3	引导学生深刻理解并践行"胸怀大局、初心如磐、艰苦创业、勇攀高峰"的南迁办学精神，以及"扎根中国、胸怀天下、勇攀高峰、追求卓越"的攀登精神

2.3 课程体系与育人矩阵

2.3.1 课程体系

资源勘查工程专业有工科基地班、卓越工程师班、新能源英才班三种培养模式，分为基地班、固体矿产、油气地质、盆地矿产、新能源五个专业方向。课程体系包括通识教育课程（包括通识必修和通识选修课）、大类平台课程、学科基础课程、专业课程（包括专业主干课和专业选修课）、实践环节课程和创新创业自主学习。课程体系及学分要求如表 2.2.2 所示，专业课程体系知识结构如表 2.2.3 所示。

表 2.2.2　资源勘查工程专业课程体系及学分要求

课程类型		学分	比例
通识教育课程	通识必修课	31	18.24%
	通识选修课	12	7.06%
大类平台课程		35.5	20.88%
学科基础课程		16.5	9.71%
专业课程	专业主干课	20~28	11.76%~16.47%
	专业选修课	10	5.88%
实践环节课程		32~38	18.82%~22.35%
创新创业自主学习		5	2.94%
合计毕业学分		170	100%

表 2.2.3　资源勘查工程专业课程体系知识结构表

类别	学期							
	第一学期	第二学期	第三学期	第四学期	第五学期	第六学期	第七学期	第八学期
思政课				•形势与政策				
	•马克思主义基本原理	•中国近现代史纲要	•毛泽东思想和中国特色社会主义理论体系概论					
	•思想道德与法治		•习近平新时代中国特色社会主义思想概论					
	•军事理论							
劳动教育	•劳动教育（理论课）							
体育课				•体育				
英语课		•大学英语						
计算机课		•C语言程序设计			•人工智能导论			
数理化基础	•高等数学		•线性代数					
	•大学化学	•大学物理						
	•大学化学实验	•物理实验	•概率论与数理统计					
学科基础课	•资源导论	•地球物质Ⅰ：矿物学	•地球物质Ⅱ：岩石学	•构造地质学		•地学大数据分析与应用		
	•测量学			•地层及古生物学		•工程与社会		

(续表)

类别	学期							
	第一学期	第二学期	第三学期	第四学期	第五学期	第六学期	第七学期	第八学期
专业主干课（基地班）				• 物理化学		• 流体包裹体		
				• 固体地球物理学概论	• 矿床学	• 矿田构造学		
				• 矿石学	• 数学地质学	• 矿产勘查理论与方法		
				• 地球化学	• 矿床地球化学	• 矿产综合勘查技术		
						• 矿床学前沿		
专业主干课（固体矿产）				• 矿石学	• 矿床学	• 矿田构造学	• 矿产资源经济学	
				• 地球化学	• 石油及天然气地质学	• 矿产勘查理论与方法		
					• 煤地质学	• 矿产综合勘查技术		
						• 矿业工程概论		
专业主干课（油气地质）				• 煤地质学	• 石油及天然气地质学	• 油（气）层物理学		
					• 石油及天然气地质学实验	• 地震及测井综合解释		
					• 矿床学	• 油气勘查与评价		
					• 含油气盆地沉积学			
					• 含油气盆地构造学			
					• 油气地球化学			
					• 油气地球化学实验			
					• 地球物理原理与方法			
专业主干课（盆地矿产）				• 煤地质学	• 矿床学	• 沉积盆地分析		
				• 煤岩及煤化学	• 石油及天然气地质学	• 含煤岩系矿产资源		

（续表）

类别	学期							
	第一学期	第二学期	第三学期	第四学期	第五学期	第六学期	第七学期	第八学期
专业主干课（盆地矿产）					•聚煤盆地沉积学	•煤层气勘探与开发		
					•沉积地球化学			
专业主干课（新能源）					•石油及天然气地质学	•地震及测井综合解释	•新能源勘查与评价	
					•沉积相与沉积环境	•非常规油气地质学		
					•大地构造与能源	•地热地质学		
					•油气地球化学			
					•油气地球化学实验			
					•地球物理原理与方法			
专业基础实践	•军事训练	•C语言课程设计	•劳动教育（实践课）	•地质教学实习（周口店）		•生产实习		•毕业论文（设计）
	•测量教学实习	•地质认识实习（北戴河）						
特色实践（基地班）				•地质教学实习（秭归）		•矿床地质实训	•实验室科研训练	
特色实践（固体矿产）						•矿产地质与勘查实习	•矿产勘查项目设计	•矿体建模及储量估算
特色实践（油气地质）						•油矿教学实习（江汉）		
						•专业教学实习（通山-咸宁）		
						•沉积岩岩芯编录与相分析		
						•油气地质综合课程设计		

(续表)

类别	学期							
	第一学期	第二学期	第三学期	第四学期	第五学期	第六学期	第七学期	第八学期
特色实践（盆地矿产）					•沉积岩岩芯编录与相分析	•专业教学实习	•煤与煤层气资源勘查工程设计	
						•非常规能源地质课程设计		
特色实践（新能源）						•油矿教学实习（江汉）		
						•专业教学实习（通山-咸宁）		
						•沉积岩岩芯编录与相分析		
						•新能源专业课程综合设计		
创新创业自主学习					•社会调查			

2.3.2 育人要求指标矩阵

资源勘查工程专业育人要求全面覆盖课程体系，实现各类课程与思想政治理论课的同向同行、协同育人。专业根据育人要求和专业特点重点建立了学科基础课、专业主干课和专业特色实践的育人指标体系。学院教学工作委员会组织任课教师对 30 个育人要求指标点的支撑课程和教学活动进行研讨，形成课程和教学活动支撑育人要求指标点的关系矩阵（表 2.2.4），建立"培养目标—育人要求—课程体系"三者之间的内在逻辑，厘清每门课程在培养过程中所发挥的育人作用，以及如何支撑培养目标和育人要求的达成。

2.4 专业课程思政教学实施

2.4.1 教学大纲

依据资源勘查工程专业培养模式，明确了专业责任岗、专业方向责任岗、课程责任

表2.2.4 中国地质大学（武汉）资源勘查工程专业课程支撑育人要求指标矩阵

课程类型	课程名称	1.政治认同			2.天下意识				3.家国情怀			4.科学精神			5.人文素养			6.法治意识			7.道德修养			8.地质品质			9.地质思维		10.学校精神		
		1.1	1.2	1.3	2.1	2.2	2.3	2.4	3.1	3.2	3.3	4.1	4.2	4.3	5.1	5.2	5.3	6.1	6.2	6.3	7.1	7.2	7.3	8.1	8.2	8.3	9.1	9.2	10.1	10.2	10.3
学科基础课	资源导论			✓	✓																						✓		✓		
	测量学									✓			✓											✓			✓				
	地球物质Ⅰ：矿物学												✓												✓		✓				
	地球物质Ⅱ：岩石学																								✓		✓				
	构造地质学												✓												✓		✓				
	地层及古生物学																										✓				
	地学大数据分析与应用					✓								✓											✓		✓				
	工程与社会																		✓						✓		✓				
专业主干课	物理化学																		✓												
	固体地球物理学概论					✓													✓												
	矿石学					✓																									
	地球化学			✓		✓																									
	矿床学					✓							✓												✓						
	数字地质学																						✓								
	矿床地球化学																						✓								
	流体包裹体																														

（续表）

课程类型	课程名称	1. 政治认同			2. 天下意识				3. 家国情怀			4. 科学精神			5. 人文素养			6. 法治意识			7. 道德修养			8. 地质品质			9. 地质思维		10. 学校精神		
		1.1	1.2	1.3	2.1	2.2	2.3	2.4	3.1	3.2	3.3	4.1	4.2	4.3	5.1	5.2	5.3	6.1	6.2	6.3	7.1	7.2	7.3	8.1	8.2	8.3	9.1	9.2	10.1	10.2	10.3
专业主干课	矿田构造学											✓					✓											✓			
	矿产勘查理论与方法				✓																										
	矿产综合勘查技术									✓																					
	矿床学前沿				✓		✓					✓																			
	石油及天然气地质学			✓								✓														✓	✓				
	煤地质学											✓																			
	矿业工程概论			✓																		✓									
	矿产资源经济学			✓						✓	✓	✓											✓					✓			
	石油及天然气地质学实验							✓			✓			✓															✓		
	含油气盆地沉积学							✓						✓																	
	含油气盆地构造学													✓																	
	油气地球化学																						✓								
	油气地球化学实验																														

（续表）

课程类型	课程名称	1. 政治认同			2. 天下意识			3. 家国情怀			4. 科学精神			5. 人文素养			6. 法治意识			7. 道德修养			8. 地质品质			9. 地质思维		10. 学校精神		
		1.1	1.2	1.3	2.1	2.2	2.3	3.1	3.2	3.3	4.1	4.2	4.3	5.1	5.2	5.3	6.1	6.2	6.3	7.1	7.2	7.3	8.1	8.2	8.3	9.1	9.2	10.1	10.2	10.3
专业主干课	地球物理原理与方法											✓																		
	油（气）层物理学			✓								✓																		
	油气勘查与评价											✓																		
	煤岩及煤化学											✓																		
	聚煤盆地沉积学								✓			✓																		
	沉积地球化学					✓			✓			✓																		
	沉积盆地分析		✓									✓																		
	含煤岩系矿产资源		✓			✓		✓				✓																		
	煤层气勘探与开发		✓			✓		✓				✓																		
	沉积相与沉积环境								✓			✓																		
	大地构造与能源		✓			✓		✓				✓																		
	地震及测井综合解释		✓			✓			✓			✓																		
	非常规油气地质学					✓		✓				✓																		

（续表）

课程类型	课程名称	1. 政治认同			2. 天下意识				3. 家国情怀			4. 科学精神			5. 人文素养			6. 法治意识			7. 道德修养			8. 地质品质			9. 地质思维		10. 学校精神		
		1.1	1.2	1.3	2.1	2.2	2.3	2.4	3.1	3.2	3.3	4.1	4.2	4.3	5.1	5.2	5.3	6.1	6.2	6.3	7.1	7.2	7.3	8.1	8.2	8.3	9.1	9.2	10.1	10.2	10.3
专业主干课	地热地质学			✓									✓																		
	新能源勘查与评价											✓																			
专业特色实践	测量教学实习								✓																						
	地质认识实习（北戴河）			✓		✓				✓																			✓		
	地质教学实习（周口店）			✓		✓				✓													✓						✓		
	地质教学实习（秭归）			✓		✓				✓													✓						✓		
	沉积岩岩芯编录与相分析												✓													✓	✓				
	矿床地质实训					✓				✓													✓				✓				
	矿产地质与勘查实习					✓				✓													✓				✓				
	油矿教学实习（江汉）					✓				✓																	✓				
	专业教学实习（通山-咸宁）									✓																	✓				

（续表）

课程类型	课程名称	1. 政治认同			2. 天下意识			3. 家国情怀			4. 科学精神			5. 人文素养			6. 法治意识			7. 道德修养			8. 地质品质			9. 地质思维		10. 学校精神		
		1.1	1.2	1.3	2.1	2.2	2.3	3.1	3.2	3.3	4.1	4.2	4.3	5.1	5.2	5.3	6.1	6.2	6.3	7.1	7.2	7.3	8.1	8.2	8.3	9.1	9.2	10.1	10.2	10.3
专业特色实践	油气地质综合课程设计						✓					✓													✓	✓				
	非常规能源地质课程设计						✓					✓													✓	✓				
	新能源专业课程综合设计						✓					✓													✓	✓				
	实验室科研训练											✓													✓	✓				
	矿产勘查项目设计											✓													✓	✓				
	煤与煤层气资源勘查工程设计											✓													✓	✓				
	矿体建模及储量估算											✓													✓	✓				

岗，协同发力明确和落实课程思政建设任务。根据专业育人要求，围绕价值塑造、能力培养、知识传授"三位一体"目标，把爱国情怀、法治意识、文化自信、创新精神、科学精神、社会责任、工程伦理、工匠精神、文明素养、职业素养等经典案例和创新创业教育案例融入教学设计，形成具有课程思政内涵的专业课程教学大纲模板，在知识传授中强调价值引领，在价值传播中凝聚知识底蕴。课程大纲采用统一的格式修订，包括课程基本信息、课程内容简介、课程的作用和教学目标、思政教学点的课程内容与计划、与本课程相联系的其他课程、教学基本要求、考核方式、教学参考资料、教学进度与内容安排等。

2.4.2 教学团队

1. 基层教学组织建设

资源勘查工程专业现有23个基层教学组织，包括1个国家级教学团队、1个省级教学团队、1个教育部虚拟教研室、3个省级优秀基层教学组织和1个湖北省名师工作室。本专业积极落实学校基层教学组织建设实施意见，明确各基层教学组织，精细做好课程思政多维度教学顶层设计与规划，实现"人人讲思政，课课有思政"的要求，包括：①构建全员育人模式，要求所有教师做"学为人师，行为世范"的表率，做率先执行"立德树人"课程思政的模范；②闭合全过程的思政设计，从专业培养目标、教学计划、课程大纲、授课教案、课堂实施修改完善入手，细化课程思政规划设计方案，把课程元素体系分解到课程，细化到课堂，做到逐次展开、有机关联，形成全培养过程的课程思政闭环；③贯穿全环节课程体系，在大学生一年级到四年级的专业课、选修课、实践课等课程中把思政元素融入专业课内容之中；④融入全方位课堂空间，全方位全空间课堂分为课内教学第一课堂、课外活动第二课堂、野外实践基地第三课堂、网络阵地第四课堂、科研训练第五课堂（即"五个课堂"），探索思政元素体系通过教师群体贯彻于"五个课堂"之中，推动第一课堂与第二、第三、第四、第五课堂思政联动与整合，打造课内课外相结合、线上线下相结合、校内校外相结合、实践与理论相结合的全方位课堂思政模式。

2. 教师的基本要求

专业每门课程都有育人功能，所有教师负有育人职责。教师要有为党育人、为国育才的崇高使命感，坚持用"四有老师"标准严格要求自己；要充分认识课程思政的重要意义，围绕"价值塑造、能力培养、知识建构"的教学目标，深入挖掘课程思政教育资源，优化课程思政教学设计，在知识传授中强调价值引领，在价值传播中凝聚知识底蕴；要有言为士则、行为世范的自觉，不断提高自身道德修养，以自身深厚的理论功底、知识、阅历、智慧和人格魅力滋养学生，帮助学生塑造正确的世界观、人生观和价值观。

作为工科专业课程，要突出培育求真务实、实践创新、精益求精的工匠精神，强化学生工程伦理教育，培养学生严谨求实、吃苦耐劳、追求卓越等优秀品质，激发学生科技报国的家国情怀和使命担当。

3. 提升教师育人意识和能力

学校学院搭建各类学习交流平台，全覆盖开展课程思政培训，将课程思政纳入教师岗前和在岗培训、教学能力专题培训、师德师风建设工作中，充分发挥基层教学组织作用，鼓励建立课程思政集体教研制度。推出一批课程思政示范课程、教学名师、示范团队，向全体教师推广好经验、好做法。依托导学团队设立学生党支部，不断加强卓越导师队伍建设，从师德师风优、育人模式佳、团队文化浓、成果业绩丰四个方面，深入挖掘团队中的先进育人文化，推进良师益友型导学关系的建设。

目前，专业有 1 个"全国高校黄大年式教师团队"、1 名全国模范教师、1 名"湖北名师"、1 名"楚天名师"，1 人获评湖北"师德先进个人"，1 人获评湖北"十佳师德标兵"，2 人获得"湖北省五一劳动奖章"，获批 1 项湖北省课程思政示范项目。

2.4.3 教材、资源建设与管理

学校加强教材建设和管理，设立校院两级教材决策、管理机构。学校教材委员会是统筹学校教材工作的决策机构，对学校教材工作方面的重大事项进行审议、评议、指导和监督；各教学单位教材管理机构负责本单位教材建设管理工作，接受学校教材建设委员会的指导和监管。明确教材"凡编必审""凡选必审""管建结合"等原则，建立逐级审定机制，规范教材使用，提高教材使用质量。教材编写实行主编负责制，选择有较高学术水平和丰富教学经验且在本学科有深入研究和较高造诣的高级专业技术岗位教师担任教材主编。紧密结合国家发展大势、高等教育发展新形势、"双一流"建设规划和一流专业建设要求加强教材规划。推动建设信息技术与教学过程深度融合、多种介质综合运用、变现力丰富的数字化教材。

聚焦学习宣传贯彻习近平总书记给山东省地矿局第六地质大队全体地质工作者的重要回信精神，组建资源能源宣讲团，打造"地质找矿先进事迹报告会"精品课堂，如赵

鹏大院士与师生面对面交流讲述找矿报国故事，邀请全国功勋地质队队长吴昌雄、"全国向上向善好青年"获得者欧阳永棚等一批在行业建功立业的校友开讲 13 场次。打造行走的思政课堂，将爱国主义教育、地质科学家精神教育等融入野外实习教学，组织"摇篮精神"主题党日活动，开展特色教育实践和实习风采宣传推送；组织"学习回信精神 探寻地质荣光"暑期专项实践，每年支持 30 余支行业观察团走进西部、走进行业单位学习调研。深化李四光精神教育，连续 13 年开展"寻找李四光·卓越地质师培育工程"系列活动，该活动包含"成长营"和"挑战营"两大模块，涵盖专业兴趣培养、专业知识强化、专业技能训练及科学探索研究四大板块 30 余个子项目，包括专业软件培训、科研立项申报、地质路线考察及各类专业技能竞赛等，活动贯穿全年。加强精神文化建设，制作学院文化墙和门廊标识系统，美化公共区域环境条件，规范学院文化标识系统应用。聚焦"学院、学科、学术、学者、学生、校友"，加强网络资源建设与管理，积极开展先锋模范人物及其事迹的网络宣传，引导师生积极向榜样学习。

2.5 教学评价与管理

2.5.1 教学评价

完善教师教学质量综合评价体系，加强教师课堂教学的监测反馈，突出课程思政要求，进一步优化学生评教、督导评教、同行评教"三位一体"的评价机制。在教学成果奖、教材奖等各类成果的表彰奖励工作中，强化课程思政指标，加大对优秀成果的支持和表彰力度。严把政治关、师德关、业务关，逐步把教师参与课程思政建设情况和教学效果作为教师岗位聘用、职称评聘、推优评先、表彰奖励、选拔培训、科研和人才项目申请等的重要评价指标，在教师考核和评聘的源头、目标和过程中强化课程思政指标。

在课程评价标准中体现课程思政要求，将价值引领作为重要内容，督促任课教师将课程思政落到实处。在课程教学大纲、教学设计等重要教学文件的审定中考量"知识传授、能力提升和价值引领"同步提升的实现度。在专业建设、教改课改、精品课程、重点课程、课堂教学方式方法改革、课程评价标准的建设中设置"价值引领"或者"育德功能"指标的观测点。课程思政建设改革的效果如何，最终必须以学生的获得感为检验标准。

2.5.2 教学管理

充分发挥院校两级教学工作指导委员会、教学督导、学科评议组等专家组织的作用，加强对学院课程思政建设的检查与监督。把课程思政建设成效作为学院事业发展绩效评估、"十四五"规划评估、"双一流"建设指标监测与成效评价、学科评估、本科教学评估等的重要内容。

课程思政建设的重心在系所、教学团队和基层教学组织。督促各系所、教学团队和基层教学组织在专业与课程建设、人才培养方案制定、课程大纲修订、教学过程管理、教育教学改革、教学质量监控评价等工作中，明确课程思政的目标、要求和责任，扎实推进课程思政工作。将各系所、教学团队和基层教学组织推进课程思政教育教学改革成效纳入绩效考核评价体系。将课程思政工作纳入教学改革项目，根据立项层次，通过项目的形式对课程思政工作提供资助；设立专项经费，为课程思政工作有序推进提供保障。

03

第 3 篇

代表性课程的课程思政教学设计

课堂教学是课程思政的主阵地。课堂教学作为向学生传授知识和理念的主要途径之一,通过教师的引导和学生的学习,可以有效地传达和强化课程所包含的思政内容,能够引导学生把国家、社会、公民的价值要求融为一体,树立起正确的世界观、人生观和价值观,培养学生的批判性思维和综合分析能力。因此,课堂教学对于课程思政的重要性不言而喻,它是塑造学生思想和提高其综合素质的重要环节。

本篇从全国地质类专业中的"国家级一流本科专业"中优选出 27 个具代表性课程的课程思政教学设计案例,涵盖专业基础课程、专业课程、实践课程等。介绍了这些代表性课程如何根据课程育人目标,挖掘提炼课程知识体系中所蕴含的思政元素,进而形成课程思政教学点，以及在课程思政建设和教学方法方面的特色和创新，重点阐述课程思政教学方法、课程思政教学点的融入设计等内容。通过课程思政教学设计案例，可以使专业教师在课程思政教学研究和实践中得到学习借鉴。

1 "地基处理"课程思政教学案例[*]

1.1 课程简介

"地基处理"课程是地质工程专业本科生大四年级上学期的专业必修课。本课程要求学生掌握地基处理的各种方法、分类、加固机理、设计施工和适用范围,以及质量检验的各种手段,了解工程活动与地基环境之间的相互关系;具备分析和评价不良地基的基本能力,以及制定常见地基处理的方案与解决地基工程问题的能力;培养社会责任感和创新意识,树立防灾减灾和绿色可持续发展理念。课程与培养目标中育人指标点的支撑关系见表 3.1.1。

表 3.1.1 "地基处理"课程与培养目标中育人指标点的支撑关系

序号	育人要求指标点	指标点内容
1	法治意识	R6.2 引导学生了解地质工程行业相关的法律法规,熟悉环境资源保护和可持续发展等方面的政策、法规
2	地质品质	R8.2 培育学生胸怀宽广、无私奉献、艰苦奋斗、开拓创新、奋发有为的地质品质
3	地质思维	R9.2 厚植地质先行、人与自然和谐共处的绿色发展理念

1.2 课程思政总体设计和教学实施思路

采用多元化的教学方法将思政元素融入课堂教学,引导学生在汲取知识的同时,认识问题和知识背后所蕴含的理论思维、方法论和价值判断,激发学生的思想碰撞和情感体验,实现对学生的价值塑造。采用情景教学法模拟行业场景,让学生分组讨论应如何遵守相关法律法规,激发课题活跃度,使他们更好地记住和理解法规内容。采用案例教学

---

[*] 同济大学土木工程学院,张振、叶观宝。

法介绍国家重大工程案例，以及背后工程师所作出的卓越贡献，展示他们是如何展现这些品质的，并解释这些品质如何对他们的人生产生影响。采用案例教学法引入国内外成功的绿色工程案例，让学生深入理解绿色工程设计的实际意义和应用，从中获取灵感，在课程项目中提出绿色创新设计。课程的知识单元体系及相应思政教学点如表 3.1.2 所示。

表 3.1.2　"地基处理"课程的知识单元体系及相应思政教学点

序号	知识单元	知识点（含育人知识点）	教学手段	课内学时	课外学时
1	地基处理基本概念	地基处理的定义（掌握）、对象及其特征（掌握）、目的（掌握）、方法分类、原理及适用范围（熟悉），地基处理工程特点（熟悉）；地基处理技术发展历史和新方法（了解）	课堂讲授 自主学习	4	2
2	换填法	换填法的机理、设计（掌握）、施工（了解）和检验（熟悉），介绍某机场换填质量问题引发的事故	课堂讲授 自主学习 课后作业	2	2
3	强夯法	强夯和强夯置换机理、设计（掌握）、施工（了解）和检验（熟悉）	课堂讲授 自主学习	2	2
4	碎（砂）石桩法	碎（砂）石桩法机理、设计（掌握）、施工（了解）和检验（熟悉），介绍叶书麟为建设宝钢所作的贡献	课堂讲授 自主学习 课后作业	2	2
5	土（或灰土）桩	土（或灰土）桩机理、设计（掌握）、施工（了解）和检验（熟悉）	课堂讲授 自主学习	0	2
6	水泥粉煤灰碎石桩	水泥粉煤灰碎石桩机理、设计（掌握）、施工（了解）和检验（熟悉），介绍 CFG 桩应用于高铁路基变形控制	课堂讲授 自主学习 课后作业	2	2
7	排水固结	排水固结机理、设计（掌握）、施工（了解）和现场观测及堆载速率控制（熟悉），介绍亲历上海迪士尼场地形成工程故事	课堂讲授 自主学习 课后作业	6	4
8	灌浆法	灌浆法浆液材料（了解）、灌浆理论（掌握）、设计（掌握）、施工（了解）和检验（熟悉）	课堂讲授 自主学习	2	2
9	水泥土搅拌法	水泥土搅拌法机理、水泥加固土的工程特性设计（掌握）、施工（了解）和检验（熟悉），介绍中国水泥土搅拌技术从追赶到领先的发展过程	课堂讲授 自主学习 课后作业	2	2
10	高压喷射注浆法	高压喷射注浆法机理、设计（掌握）、施工（了解）和检验（熟悉）	课堂讲授 自主学习	2	2

(续表)

序号	知识单元	知识点（含育人知识点）	教学手段	课内学时	课外学时
11	土工合成材料	土工合成材料分类（熟悉）、特性（了解）、功能、设计（熟悉）和施工（了解），介绍其为"双碳"目标作的贡献	课堂讲授 自主学习	2	2
12	加筋土挡墙	加筋土挡墙机理、设计（掌握）、施工（了解），介绍丽水机场为保护古树而做的加筋方案设计的故事	课堂讲授 自主学习	2	2
13	复合地基	复合地基概念、分类、形状、承载力计算、变形计算（掌握）和检验（了解），介绍龚晓南院士对复合地基的贡献	课堂讲授 自主学习 课后作业	4	2

1.3 课程思政教学设计样例

"地基处理"课程思政教学设计样例如表 3.1.3 所示。

表 3.1.3 "地基处理"课程思政教学设计方案

课程名称	地基处理	总课时	34 课时	课程类型	专业必修课
授课对象	地质工程专业大四年级学生			教师	张振
授课章节	碎（砂）石桩	时长	45 分钟	授课方式	线下
课程教材	叶观宝. 地基处理［M］. 4 版. 北京：中国建筑工业出版社，2020.				
学习资源	龚晓南. 地基处理手册［M］. 3 版. 北京：中国建筑工业出版社，2008. Rujikiatkamjorn C．Principles and Practice of Ground Improvement［J］．Proceedings of the Institution Civil Engineers: Ground improvement，2020（2）：173. 中国知网：http://www.cnki.net				

1 育人知识点
（1）通过对碎（砂）石桩工艺创新和发展的讲解，培养学生的科学精神，引导学生讨论施工过程对环境的影响，厚植绿色发展理念。
（2）结合上海宝钢建设案例介绍，讲述我国地基处理泰斗叶书麟教授采用碎石桩解决建设中软土地基问题的事迹，培养学生开拓创新的地质品质和服务国家的责任担当。

2 课程思政教学方法与设计
2.1 课程思政教学方法
（1）互动式教学：以学生为主体，以教师为主导，在教学中，注重课堂互动，充分调动学生的积极性，增强学生的情感体验。
（2）案例式教学：通过真实案例引导学生运用知识去分析和解决实际问题，通过分组讨论，鼓励学生反思分析过程，提升学习效果。

（续表）

2.2　课程思政元素融入设计

(1) 开展趣味实验——floating rice bottle 小实验导入新课，通过学生互动提升课堂活跃度。提出"你知道实验成功的关键是什么吗？"激发学生的学习兴趣，在教学过程中渐进式引导学生掌握"碎石桩"基本概念和加固机理，进而培养学生的科学精神。

(2) 介绍碎石桩工艺的发展和创新，包括振冲碎石桩、沉管碎石桩、双点共振振冲法、加筋碎石桩等，引导学生观察和思考不同方法的适用条件，引导学生思考施工过程对环境的影响，厚植人与自然和谐共处的绿色发展理念。

(3) 介绍改革开放初期上海宝钢建设案例。我国地基处理泰斗叶书麟教授针对软弱地基创新性地采用碎石桩加固方案，节约了建设成本，取得了很好的加固效果，可以培养学生开拓创新的地质品质和将个人理想追求与国家命运深度融合的家国情怀和担当意识。

2 "工程地质学"课程思政教学案例*

2.1 课程简介

"工程地质学"课程是土木工程、水利工程专业本科生大二年级上学期的专业必修课。本课程要求学生掌握造岩矿物、地质年代与地层单位、地质构造、地壳运动等基本地质知识；掌握土的成因与分类、岩体分类、地下水等基础知识，在此基础上能够正确分析工程地质条件；通过熟悉各种不良地质现象的基本概念，具备分析和评价不良地质现象的基本能力，以及掌握常见不良地质现象处理措施的知识与具备解决地质工程问题的能力；培养社会责任和创新意识，提升防灾减灾和绿色可持续发展理念。课程与培养目标中育人指标点的支撑关系见表 3.2.1。

表 3.2.1 "工程地质学"课程与培养目标中育人指标点的支撑关系

序号	育人要求指标点	指标点内容
1	家国情怀	R3.3 引导学生深刻认识专业在国民经济发展中的基础地位，激发学生将个人理想追求与国家命运深度融合的家国情怀和担当意识
2	科学精神	R4.1 引导学生了解地质工程的重大科技突破和学术前沿，培养学生仰望星空、脚踏实地的学术品格
3	地质品质	R8.2 培育学生胸怀宽广、无私奉献、艰苦奋斗、开拓创新、奋发有为的地质品质
4	地质思维	R9.1 引导学生深刻认识地质的多尺度物质观和时空观，培养学生的系统演化观、人地互馈观、多维时空观等特有的地质思维 R9.2 厚植地质先行、人与自然和谐共处的绿色发展理念
5	学校精神	R10.2 引导学生深刻理解并践行同济天下、崇尚科学、创新引领、追求卓越的同济精神

---

* 同济大学土木工程学院，毛无卫。

2.2 课程思政总体设计和教学实施思路

课程总体设计以知识为纽带,以育人为核心。通过融入思政理念,培养学生遵守工程伦理、环保意识、责任感和担当精神。课堂教学不拘泥传统,而是情景契合、内容融合,通过"教师提出问题—助教分享想法—学生互助讨论—课后延伸拓展"的教学新模式,培养学生主动学习、积极探索、慎思明辨的能力,充分体现价值塑造、能力培养、知识传授"三位一体"教学目标,凸显价值引导功能。课程中引入优秀区域治理案例、工程建设案例等内容,系统展示我国生态文明建设取得的成就,使学生充分了解我国地质灾害防治前沿内容和研究热点,激发学生的探索热情,使学生切实感受工程魅力,增强专业自信,在后土木工程时代正确认识工匠精神,将个人理想融入国家发展,展现作为地质工作者的新时代的使命与担当。课程的知识单元体系及相应思政教学点如表 3.2.2 所示。

表 3.2.2 "工程地质学"课程的知识单元体系及相应思政教学点

序号	知识单元	知识点(含育人知识点)	教学手段	课内学时	课外学时
1	绪言	(了解)工程地质定义、作用及现象,重点突出工程师价值观及工程伦理道德	课堂讲授 课外实验 自主学习	2	4
	造岩矿物	(掌握)造岩矿物及其物理性质、形态特征、力学性质,通过肉眼鉴定矿物;培养"宏观辨识"与"微观探析"的能力			
2	岩浆岩	(掌握)岩浆岩、沉积岩、变质岩的形成、成分及分类;(熟悉)常见岩石的结构、构造,并能对其进行肉眼鉴定;培养"见微知著"的科研能力	课堂讲授 课外实验 自主学习	2	2
3	沉积岩 变质岩		课堂讲授 课外实验	2	2
4	地质年代及其特征	(熟悉)地质年代及划分依据,能背诵地质年代表,并(掌握)岩浆岩、沉积岩的地质年代确定方法	课堂讲授 自主学习 课后作业	4	2
5	水平构造 单斜构造 褶皱构造	(掌握)沉积岩地层产状及野外地层构造的识别与工程地质特征;培养理论联系实际、分析问题、解决问题的能力	课堂讲授 课外作业 自主学习	2	4

(续表)

序号	知识单元	知识点（含育人知识点）	教学手段	课内学时	课外学时
6	断裂构造 不整合 地质图阅读	（掌握）断裂构造概念、分类、野外识别及断裂构造工程地质特征、（掌握）不整合及分类；（熟悉）工程地质图读图；培养识别、观察、联想的综合能力	课堂讲授 课外作业	2	4
7	岩石与岩体的 工程地质性质	（掌握）岩石的物理力学性质、岩体的分类与工程地质性质；培养模型建立、图形分析的能力	课堂讲授 课外阅读	2	2
8	土的工程 性质与分类	（掌握）土的粒径、级配、结构、构造及工程分类，引入土壤沙化，厚植尊重自然、节约资源、保护环境的意识	课堂讲授 课外阅读	2	2
9	地下水	（掌握）地下水的概念、分类、物理化学性质及地下水的补、径、排与工程地质作用，厚植节约资源、保护环境的意识	课堂讲授 课堂测验 课外作业 课外阅读	4	4
10	不良地质现象 分类与评估	（熟悉）不良地质现象概念；（掌握）不良地质现象的分类、危害及评估；树立防灾意识	课堂讲授	2	0
11	风化作用 河流地质作用	（熟悉）风化的概念、分类及工程地质作用；（掌握）风化的防治措施；（掌握）河流的地质作用、侵蚀作用（横向环流）及河流地质作用防治措施，引入沙尘暴及河流作用；深刻理解人与自然的辩证关系	课堂讲授 课外阅读	2	2
12	滑坡 崩塌 泥石流	（掌握）滑坡的概念、分类、形态特征、发育阶段、影响因素、稳定性评价及防治措施；（掌握）崩塌的概念、发育的条件及防治措施；（掌握）泥石流的概念、分类、发育条件、危害及防治措施，强调防灾减灾的重要性	课堂讲授 课外阅读 课外作业	2	4
13	地震 地面沉降 地裂缝	（掌握）地震的概念、分类，地震波的分类，地震带的分布，地震效应及地震的预防；（掌握）地面沉降的概念、原因、危害及防治措施；（掌握）地裂缝的概念、分类、原因及危害。以抗震精神为切入点，培养自强不息的抗争精神	课堂讲授 课外阅读	2	4

(续表)

序号	知识单元	知识点（含育人知识点）	教学手段	课内学时	课外学时
14	原位测试	（掌握）原位测试概念，原位测试的优缺点及主要的原位测试方法适用条件与测试指标；使学生了解原位测试的重要性，深刻理解理想与现实的差异，并树立理想信念	课堂讲授 课外参观	2	4
15	工程地质勘察	（了解）工程地质勘察的目的；（掌握）工程地质勘察的阶段划分；（熟悉）工程地质测绘与勘探及勘察报告。树立正确的工程地质观念并培养地质勘探能力	课堂讲授 课外参观 课外阅读	2	4

2.3 课程思政教学设计样例

"工程地质学"课程思政教学设计样例如表 3.2.3 所示。

表 3.2.3 "工程地质学"课程思政教学设计方案

课程名称	工程地质学	总课时	34 课时	课程类型	专业必修课
授课对象	土木工程专业大二年级学生			教师	毛无卫
授课章节	不良地质灾害——地震及其效应	时长	45 分钟	授课方式	线下
课程教材	石振明，黄雨. 工程地质学 [M]. 3 版. 北京：中国建筑工业出版社，2017.				
学习资源	中国大学 MOOC：https://www.icourse163.org/course/TONGJI-1002982008?tid=1463634449				

1 育人知识点
(1) 结合地震的概念及成因，培养学生建立正确的地球系统演化观，引导学生从人地互馈角度正确认识人与自然的辩证关系。
(2) 结合地震地质灾害效应及其防治，讲述地质思维与地质学原理在防灾减灾中的重要作用，引导学生注重科技减灾，厚植绿色发展理念。
(3) 结合国内外的各大地震案例，以抗震精神为切入点，培养学生同济天下、崇尚科学、创新引领、追求卓越的精神，意识到作为同济人的使命与担当。

2 课程思政教学方法与设计
2.1 课程思政教学方法
(1) 互动式教学：以学生为主体，以教师为主导，应用多种教学方法促进自主性学习。教学中，注重有效互动，充分调动学生的积极性，使学生成为课堂的主人。
(2) 启发式教学：以工程实际问题为教学目标，通过实际案例分析，结合多媒体图片等直观内容，使学生进一步理解本节教学内容，为知识应用打好基础。
(3) 案例式教学：通过挖掘实际地震案例中的科学、人文、社会等各方面的内容，培养学生将个人理想追求与国家命运深度融合的家国情怀和担当意识。

(续表)

2.2 课程思政元素融入设计

(1) 以土耳其"双震"作为教学导入,讲述"坐在火药桶上"的土耳其的相关地质构造背景,激发学生学习热情,并提出背后的科学问题,通过趣味问答和问题导向的方式引导学生对地震及其形成机理的理解。

(2) 介绍地震的基本概念及相关理论知识,讲述土耳其地震案例和我国汶川、唐山地震的成因及其归属类别,引导学生牢固掌握地震成因概念,认识地震的复杂性和变化性,培养学生严谨求实的科学素养,增强对地球科学及自然灾害的关注和理解。

(3) 通过介绍汶川地震、"一带一路"倡议沿线地区地震地质灾害案例,以及观看电影《唐山大地震》片段,加深学生对地震基础概念的理解,引导学生思考不同地震所带来的影响,培养学生独立思考的能力,厚植家国情怀,激发自强不息、顽强拼搏的抗震精神。

(4) 通过介绍地震地质灾害效应,国内外现有的强震观测与地震预报手段、存在的不足及发展趋势,提高学生对我国地震预报水平的总体认知,了解国家为防治地震灾害作出的不懈努力与突出成效,增强学生的民族认同感和家国情怀。

3 "工程地质与水文地质"课程思政教学案例*

3.1 课程简介

"工程地质与水文地质"课程是地质类、土木类等相关专业的主干课程。按照工程教育专业认证理念,本课程主要支撑的目标是"工程知识""问题分析""环境和可持续发展"。通过学习,学生了解并掌握与工程建造有关的地质问题,如造岩矿物、岩土性质、地质作用、地层与构造、地下水特征和性质,以及崩滑流、岩溶、地震等不良地质现象,能够利用地质原理和工程技术分析、解决实际工程问题,尤其是复杂性工程地质问题。对照课程思政指标体系,本课程所包含的课程思政元素有"国家战略""家国情怀""矿大品格""科学思维""职业伦理"等方面。课程与培养目标中育人指标点的支撑关系见表3.3.1。

表 3.3.1 "工程地质与水文地质"课程与培养目标中育人指标点的支撑关系

序号	育人要求指标点	指标点内容
1	国家战略	2.4 积极投身生态文明美丽中国建设。以资源环境承载能力为基础,以自然规律为准则,以可持续发展、人与自然和谐共生为目标,坚定走生产发展、生活富裕、生态良好的文明发展道路,正确处理好工程建设、经济发展和生态环境保护的关系
2	家国情怀	3.1 大力弘扬爱国主义精神,在专业教育中通过行业标志性工程和典型人物,引导学生厚植爱国主义情怀,立志扎根人民,奉献国家 3.2 注重培养文化自信意识,在跨文化背景交流中,积极接纳其他文明的优秀成果,并传播中国优秀文化
3	矿大品格	4.3 继承和发扬地质先行精神、李四光精神、何长工精神、大光精神和"三光荣"精神等中国地质精神,增强学生投身地质、报效祖国和人民的责任感和使命感

---

* 中国矿业大学(徐州)资源与地球科学学院,徐继山。

（续表）

序号	育人要求指标点	指标点内容
4	科学思维	5.1 注重科学思维方法的训练，将辩证唯物主义的思想与地学知识结合起来，培养学生探索未知、追求真理、勇攀科学高峰的思维力 5.2 注重各学科历史知识的传授，引导学生树立历史唯物主义的学科观
5	职业伦理	6.3 使学生充分认识到各行业的权利和义务，了解社会主义建设者的职业道德评价体系，不断加强自身的职业道德修养

3.2　课程思政总体设计和教学实施思路

本课程采用"线上线下混合式＋周主题"的教学模式，借鉴基于团队的学习（Team-based Learning，TBL）教学标准，采用"五步教学模式"组织教学。

步骤1：课前预习。以学生在线学习为主。

步骤2：课前测试。由教师在课前推送（"雨课堂"或"慕课堂"）测试题。

步骤3：教学反馈。以问卷调查形式，调查疑难点、周达成度等问题。

步骤4：课堂教学。在课堂上进行专题研讨式教学。

步骤5：课外练习。布置研讨、设计等任务，重在成果，设展评优。

其中，前三个为"线上"阶段，后两个为"线下"阶段。这五个部分构成了一个"教学任务"周期，课程整体为八个周次（即八个周期），每周4个学时。在课程设计中，有机融入课程思政设计理念，将其渗透在每一个知识点中。课程的知识单元体系及相应思政教学点如表3.3.2所示。

表3.3.2　"工程地质与水文地质"课程的知识单元体系及相应思政教学点

序号	知识单元	内容及要求	学时	课程思政教学点
1	绪论	了解工程地质学的概念、主要研究内容； 掌握工程地质条件的概念与内涵； 了解工程地质对土木工程的作用	1+1	学科发展史，中国地质精神
2	矿物和岩石	了解地球的内部构造； 掌握矿物的概念，熟悉主要造岩矿物及特征； 掌握沉积岩的成因、结构与构造特征； 了解岩浆岩、变质岩的成因、结构与构造特征	1+1	地质学家的素养

（续表）

序号	知识单元	内容及要求	学时	课程思政教学点
3	地层与地质构造	掌握地壳运动与地质作用的概念； 了解地层划分与对比，确定地层新老关系的方法； 掌握地层接触关系的概念与分类，能够利用地层接触关系法熟练判别地层新老关系； 掌握地质年代的概念，了解年代地层单位与岩石地层单位； 掌握岩层产状的概念以及产状记录与图示； 掌握断层、褶皱的概念与分类； 了解断层、褶皱判别方法； 掌握地质构造对工程建筑物稳定性的影响； 掌握地质图的读图与分析方法	2+2	地质思维方法
4	水的地质作用	了解自然界水循环； 了解地表水的地质作用及产物； 了解地下水的概念、存在状态，掌握地下水按埋藏条件分类及其特征； 掌握等水位线图的读图与分析方法； 掌握地下水对土木工程的影响，掌握地下水位变化引起的地质问题	2+1	地质思维方法
5	岩石及特殊土的工程性质	了解岩石的物理、水理、力学性质； 掌握风化作用的概念； 了解岩石和土的工程分类方法； 了解黄土、膨胀土、软土、冻土、吹填土等特殊土的工程地质性质	2+1	地质思维方法
6	不良地质现象及防治	掌握崩塌与落石、滑坡、泥石流、岩溶与地震、地面沉降与地裂缝等不良地质现象的概念、形成机理、影响因素与防治方法	2+1	地质思维方法
7	地下工程地质问题	掌握岩体及地应力的概念； 了解洞室围岩变形及破坏的主要类型； 理解地下洞室特殊地质问题； 了解围岩工程分级与稳定性评价、超前地质预报方法	2+2	工程策略
8	地基工程地质问题	掌握地基与基础的概念； 了解地基变形及破坏的基本类型； 了解地基承载力的概念； 了解地基处理的方法； 了解常见地基工程实例	2+2	工程策略
9	边坡工程地质问题	了解边坡变形破坏的基本类型； 掌握影响边坡稳定性的因素； 掌握边坡稳定性分析方法； 掌握边坡变形破坏的防治方案	2+2	工程策略

序号	知识单元	内容及要求	学时	课程思政教学点
10	工程地质勘察	了解工程地质勘察的目的、任务、分级与阶段； 了解工程地质测绘与工程地质勘探的一般原则、方法与内容； 了解勘察成果整理以及工程地质勘察报告的组成	2+1	地质工程师的职业素养
	合　计		18+14	

3.3　课程思政教学设计样例

"工程地质与水文地质"课程思政教学设计样例如表 3.3.3 所示。

表 3.3.3　"工程地质与水文地质"课程思政教学设计方案

课程名称	工程地质与水文地质	总课时	32 课时	课程类型	专业选修课
授课对象	土木工程等专业学生			教师	徐继山
授课章节	专题 2——岩石的工程地质性质	时长	100 分钟	授课方式	线上+线下
课程教材	徐继山. 通识工程地质［M］. 徐州：中国矿业大学出版社，2021.				
学习资源	中国大学 MOOC：https：//www. icourse163. org/course/CUMT-1003753007 学银在线：http：//www. xueyinonline. com/detail/95599104				

1　教学目标

学习目标：　　　　　　　　　　　　　　　　　　　　　　　　　毕业要求 A　　思政目标 B
◇　掌握矿物、岩石的基本概念，熟悉主要造岩矿物及特征；　　　　指标 1.3　　　目标 5.2
◇　了解岩浆岩、变质岩的成因、结构与构造特征；（自学）　　　　指标 1.3　　　目标 5.1
◇　掌握沉积岩的成因、结构与构造特征；　　　　　　　　　　　　指标 1.3　　　目标 5.1
◇　了解岩石的水理性质；　　　　　　　　　　　　　　　　　　　指标 2.2　　　目标 5.1
◇　掌握岩石的力学性质；　　　　　　　　　　　　　　　　　　　指标 2.2　　　目标 5.1
◇　了解岩体强度理论；　　　　　　　　　　　　　　　　　　　　指标 2.2　　　目标 5.1
◇　掌握岩石的工程分类；（自学）　　　　　　　　　　　　　　　指标 2.2　　　目标 6.3
◇　了解危岩体分析的基本思路。（研讨）　　　　　　　　　　　　指标 7.2　　　目标 4.1

2　教学内容分析

课前布置预习任务，在线学习慕课相应章节，并完成单元测验、在线研讨、作业等任务。利用"雨课堂"发布调研问卷，统计本章节中的疑难点，在课程中进行重点讲解。

3　课程思政教学方法与设计

在引言中，以诗词中的石文化引入；在"岩石成因"中，谈"见微知著"的科学思维；在"矿物"中，谈矿物晶体的品质；在"岩石"中，谈野外工作的意义；在"岩石的物理性质"中，谈"微观-宏观"思维模式；在"岩石的水理性质"中，结合泉城济南地铁建设，谈"明察暗访"的工程策略；在"岩石的疲劳强度"中，谈"兵

(续表)

不贵久"的学习观；在对比岩石的"抗拉""抗压"性质中，谈"善战者胜"的设计原则；在"莫尔-库仑"理论模型中，谈"对立统一"的辩证思维；在"格里菲斯"强度理论中，谈"不战而胜"的人生启示；在"岩石的劈裂"机械发明中，谈"以柔克刚""反向求索"的创新思维；在"危岩体稳定分析"中，谈"化零为整"的工程策略；在"链子崖地质实习"中，谈吃苦耐劳的地质精神。

4 教学成效评价与案例反思

根据课程结课评价，本课程在教学设计和实施上较好地支撑了课程目标。

调查反馈，同学们一致认为：课程内容丰富、条理清晰、重点突出，通过学习，不仅能学习到专业知识，还能感受地质思维、工程智慧和中国传统文化等。相关观摩专家认为，该课程内容丰富、形式新颖，把专业性和通识性有机融合起来，起到了很好的示范作用。

本章节（案例）教学存在的问题有：①同学们对常见岩石野外鉴别的能力有待进一步提升；②同学们对岩质边坡分析常用的方法和工具（软件）了解较少。

改进措施：①强化对岩质工程问题分析方面的指导，增加1次课内实习；②继续采用线上、线下混合式教学，增加岩质边坡分析研讨专题，继续分组、分专题研讨学习，确保学习活动全覆盖。

4 "工程地下水"课程思政教学案例[*]

4.1 课程简介

"工程地下水"课程是地质工程专业本科生的专业必修课。通过讲授工程中与地下水有关的专业知识、降水方法的介绍与选取、降水工程方案的设计及相关参数计算与提取、降水管井的设计与实施、降水工程可引发的环境地质和工程地质问题及对周围环境的影响,讲授可能因此在社会、健康、安全、环境等各方面造成的严重不良后果和机理分析,结合降水工程案例分析,综合培养学生运用专业知识识别和判断并设计解决复杂地下水工程问题的能力;设计方案的过程中,针对性地对地下水工程周围的环境、社会、健康等安全作出评价,最终在得出有效工程地下水解决方案及结论的同时,通过机理的分析加深学生对地下水专业实践与环境、社会可持续发展之间深刻影响关系的理解。课程与培养目标中育人指标点的支撑关系见表3.4.1。

表 3.4.1 "工程地下水"课程与培养目标中育人指标点的支撑关系

序号	育人要求指标点	指标点内容
1	法治意识	R6.3 引导学生正确认识工程对环境和社会的影响
2	地质品质	R8.3 培养学生敬业、精益、专注、创新的大国工匠精神
3	地质思维	R9.1 引导学生深刻认识地质的多尺度物质观和时空观,培养学生的系统演化观、人地互馈观、多维时空观等特有的地质思维

4.2 课程思政总体设计和教学实施思路

"工程地下水"课程以工程地下水为主线,从资源与地质环境(工程致灾)两个方面

---

[*] 同济大学土木工程学院,周洁。

传递立德树人理念，深度挖掘地质环境中"地下水资源—地下水环境—可持续与绿色发展—生态文明建设"的思政教学链，强化专业教育和思政教育融合，从自然资源保护、人为灾害防控到可持续发展，层层递进，将思政教育贯穿于课程教学及人才培养全过程。课程授课、课内作业及课堂讨论等多种教学形式，将课程知识和社会主义核心价值观有机融合，激发学生的专业自豪感和民族自信心，引导学生树立正确的价值观和环保意识，培养学生的可持续发展观，使学生正确认识地质工程工作者的时代责任和历史使命，提升学生的社会责任担当，培养家国情怀，树立献身工程地质事业的信念。课程的知识单元体系及相应思政教学点如表 3.4.2 所示。

表 3.4.2 "工程地下水"课程的知识单元体系及相应思政教学点

序号	知识单元	知识点（含育人知识点）	教学手段	课内学时	课外学时
1	工程地下水概论	地下水在岩土介质中的存在形式，包括概念、形成原因及演化，树立学生生态文明观及环保意识	课题授课	2	0
2	水文地质参数计算与抽水试验	结合艰苦的野外工作和勘探任务，介绍水文地质试验方法、抽水试验方法和类型及技术要求、设备和用具，抽水试验资料分析	课题授课案例分析（作业一）	4	2
3	地下水引起的工程地质与环境地质问题及防治	地下水的不良作用简述，熟悉环境资源保护和可持续发展等方面的政策、法规；潜蚀、管涌、流土、砂土液化、孔隙水压力、渗流等问题与防治、产生条件、防治措施及实例分析；学生身边工程地下水问题调查汇报讨论会，正确认识工程对环境和社会的影响	课题授课案例分析	6	2
4	工程施工排水	常用明排水方法：适用条件及类型，基坑明排水的计算	课堂授课	2	0
5	工程地下水井点降水方法与方案设计	降水方法的选取，施工过程及要求，井点降水监测；井点降水设计案例分析；井点降水常见问题与处理对策；降水实际工程方案设计分组汇报，激发学生创新性地质思维	课堂授课案例分析专题研讨	6	2
6	降水管井设计及成孔要求	降水管井的结构设计，包括井管、钻孔的孔深和口径的确定、结构出图及评价	课堂授课案例分析	2	0

(续表)

序号	知识单元	知识点（含育人知识点）	教学手段	课内学时	课外学时
7	深基坑工程降水	基坑工程降水的作用与方法；基坑工程降水的渗流特征；深基坑工程降水的分类与特征；深基坑工程降水的方案设计；鼓励学生在地下水方案处理中就设计上力求创新及最优化	课堂授课案例分析专题研讨（设计作业）	6	2
8	工程地下水数值模拟	工程地下水数值模拟基本原理；基坑降水数值模拟分析；工程地下水数值模拟案例分析	课堂授课案例分析	2	0
9	地下水污染及对混凝土、钢筋的腐蚀性评价	水质分析指标及水质分析内容；地下水污染，包括污染源、污染物、污染途径及方式等，贯彻绿色发展理念，要保护地球和地质环境才能进行生态文明建设和可持续发展	课堂授课（作业二）	2	2

4.3　课程思政教学设计样例

"工程地下水"课程思政教学设计样例如表 3.4.3 所示。

表 3.4.3　"工程地下水"课程思政教学设计方案

课程名称	工程地下水	总课时	32 课时	课程类型	专业必修课
授课对象	地质工程专业大四年级学生			教师	周洁
授课章节	地下水引起的工程地质问题（机理篇）	时长	45 分钟	授课方式	线下
课程教材	唐益群，周洁，杨坪. 工程地下水［M］. 2 版. 上海：同济大学出版社，2020. Tang Y Q, Zhou J, Yang P, et al. Groundwater Engineering［M］. 2nd ed. Springer，2017.				
学习资源	《管井技术规范》（GB 50296—2014）等规范。 姚天强，石振华. 基坑降水手册［M］. 北京：中国建筑工业出版社，1970.				

1　育人知识点

（1）理解地下水潜蚀作用、渗流作用及孔隙水压力作用等对地下工程安全性的重要意义。
（2）从地下水控制与防治措施，认识工程地下水对周围环境的影响，厚植工程规范性、环保及可持续发展的理念。

(续表)

2 课程思政教学方法与设计
2.1 课程思政教学方法
教学活动以学生为核心,运用多种创新性教学方式方法激发学生学习兴趣、自主学习的能动性和参与度,从核心概念、核心现象、核心机理至工程实际判断等环节逐个分解复杂的工程地下水问题,从基础知识到实践能力循序渐进式地引导及发散,最终通过课后(第二课堂)的实践活动、作业安排,形成从专业知识到实践应用能力的闭环。

2.2 课程思政元素融入设计
(1) 科学小试验的课程导学引出核心概念。

展示 Hydraulic Heave 室内小试验视频,从非常明显的砂土颗粒悬浮现象入手,通过提问的方式(如"请问大家知道这个现象发生的关键是什么吗?")吸引学生课堂注意力并引导学生进行头脑风暴,点拨学生这和学过的专业基础知识的某个基本概念的相关性,引发学生专业知识回忆及调用思考过程。同时进一步结合认知理解,询问学生:"大家觉得这种现象如果在工程中发生了是好还是不好?"建立学生正确认识工程安全问题及环境影响认知,形成专业知识与课堂思政的有机融合,引导学生自主认识环保与可持续发展理念在工程建设安全中的重要性。

(2) 实际抽象工程的核心现象具化分析,引出背后科学机理。

将实际常出现的地下水灾害典型工程以概念示意图的形式形象化,如大坝工程、基坑工程等。从动水压力的本质出发,建立工程实际与课堂知识的桥梁,尤其是动水压力发生原因、过程及计算的方法等。从最基础的恒定动水压力注水土柱的水压力变化过程进行动水压力的计算分析,最后再结合工程地质环境及地层性质,回归对实际工程的流砂、管涌现象的分析上。

(3) 深化以学生为中心的专业知识与实践能力培养,形成课上课外链式互动互馈模式教学。

采用创新性多元教学方法,形成课上课外链式互动,制作课堂互动考核系统,将学生课堂上专业知识和能力进行及时反馈与掌握,同时进一步指导配套课程设计的 design studio 考核重心。引导学生认识工程规范的重要性,结合课堂实际调研案例汇报与现场工程实践参观的互馈,对学生实践能力的考核给出评价。

5 "工程地质实习"课程思政教学案例*

5.1 课程简介

"工程地质实习"课程是地质及土木工程相关专业二年级本科生的实践环节课。工程地质基础课教学完成后,通过地质实习,学生能够将理论联系实际,认识一些地质及工程地质现象,初步了解工程地质野外勘察工作的基本方法,为在以后的设计、施工工作中具备工程地质概念和正确使用工程地质资料打下一定的基础。通过地质实习,培养学生的动手能力、吃苦耐劳精神,以及严谨求实的科学态度和团队意识。课程与培养目标中育人指标点的支撑关系见表3.5.1。

表 3.5.1 "工程地质实习"课程与培养目标中育人指标点的支撑关系

序号	育人要求指标点	指标点内容
1	政治认同	R1.1 引导学生用历史唯物主义和辩证思维审视人类历史发展,坚定中国特色社会主义道路,树立共产主义远大理想和中国特色社会主义共同理想
2	天下意识	R2.2 引导教育学生认识地质的时空观和物质观与人类文明脉络,树立献身地质工程事业和肩负民族复兴重任的崇高理想
3	家国情怀	R3.3 引导学生深刻认识专业在国民经济发展中的基础地位,激发学生将个人理想追求与国家命运深度融合的家国情怀和担当意识
4	科学精神	R4.3 引导教育学生牢固树立正确的价值观,将个人价值与社会价值相统一,树立淡泊名利、潜心研究的奉献精神
5	人文素养	R5.1 引导学生深刻理解中华优秀传统文化中讲仁爱、重民本、守诚信、崇正义、尚和合、求大同的思想精华和时代价值,自觉传承中华文脉
6	法治意识	R6.1 引导学生了解国家宪法和基本法律、法规的知识,具有法治观念和法律意识

---

* 同济大学土木工程学院,陈建峰、石振明、叶为民、王琼。

(续表)

序号	育人要求指标点	指标点内容
7	道德修养	R7.1 培养学生爱岗敬业、诚实守信、办事公道、服务群众、奉献社会的道德修养
8	地质品质	R8.2 培育学生胸怀宽广、无私奉献、艰苦奋斗、开拓创新、奋发有为的地质品质
9	地质思维	R9.2 厚植地质先行、人与自然和谐共处的绿色发展理念

5.2 课程思政总体设计和教学实施思路

地质实习共有 5 条路线，分别为老和山路线、玉皇山路线、宝石山路线、钱塘江路线和龙井路线，均围绕西湖。西子湖畔的杭州，绿水青山，景色秀丽，是诠释习近平总书记"绿水青山就是金山银山""人与自然和谐共处"的可持续绿色发展观的场所。每一条路线均有丰富的人文、历史故事，可以培养大学生的爱国情怀、社会责任、文化自信、人文精神。课程的知识单元体系及相应思政教学点如表 3.5.2 所示。

表 3.5.2 "工程地质实习"课程的知识单元体系及相应思政教学点

序号	知识单元	知识点（含育人知识点）	教学手段	实践学时
1	老和山路线	学会罗盘的使用方法；通过对不同类型泉水的调查与观察，了解各种赋存条件下地下水的类型和特征；了解人工洞室的稳定性评价原则。从"竺可桢之问"引申至"培养什么人、怎样培养人、为谁培养人"这一教育的根本问题，以激发学生的社会责任感	现场讲解	1天
2	玉皇山路线	了解野外地质考察的基本工作方法及路线上地质点的定点原则，练习画顺手地质剖面图；根据路线上出露地层的时代关系及岩层产状分析认识褶曲、断层的野外地质构造特征；熟悉岩溶形态特征，了解并分析岩溶的成因及发育规律。玉皇山是道教山，有玉皇飞云、八卦田、紫来洞等景点，蕴含着中国古代"天人合一"的思想，以增强学生的文化自信	现场讲解课堂讲授	1.5天

(续表)

序号	知识单元	知识点（含育人知识点）	教学手段	实践学时
3	宝石山路线	认识侏罗系火山岩的岩性特征，学习节理、裂隙的野外调查方法，了解岩石风化的工程地质研究；了解西湖成因。从宝石山上看西湖成因，俯视唐朝白居易、北宋苏东坡主持修建的白堤和苏堤，强调为官一方应守土有责、勤政爱民、造福一方。这里还有岳王庙和"五四宪法"历史资料陈列馆，以此培养学生的人文精神、社会责任、法治意识和爱国情怀	现场讲解 课堂讲授	1.5天
4	钱塘江路线	观察滑坡及崩塌等不良地质现象，并分析其产生原因，了解防治措施。认识河曲、阶地等河流地貌特征，并分析钱塘江大桥桥址的选择原则。从沿线不良地质现象谈地质灾害防治是人与自然和谐共生之道，人类不应以牺牲自然环境为代价进行开发建设。参观茅以升纪念馆，跟随茅老从求学海外到报效祖国之路，以此增强学生的绿色发展观，激发学生的社会责任和爱国情怀	现场讲解	1天
5	龙井路线	认识山区道路山坡线、越岭线、山谷线等不同线路所面对的工程地质条件及所遇到的工程地质问题；观察和分析沿线采取的工程治理措施；了解溶洞形成的地质年代差异。路线经过龙井村，该村正诠释了"绿水青山就是金山银山"的绿色发展观，以此增强学生的绿色发展观，激发学生的爱国情怀	现场讲解	1天

5.3 课程思政教学设计样例

"工程地质实习"课程思政教学设计样例如表 3.5.3 所示。

表 3.5.3 "工程地质实习"课程思政教学设计方案

课程名称	工程地质实习	总课时	6天	课程类型	实践环节课
授课对象	地质及土木工程相关专业大二年级学生			教师	陈建峰
授课章节	龙井路线	时长	1天	授课方式	线下
课程教材	唐益群，石振明，黄雨，等. 工程地质学实习教程［M］. 2版. 上海：同济大学出版社，2024. 石振明，黄雨. 工程地质学［M］. 3版. 北京：中国建筑工业出版社，2017.				

(续表)

1　育人知识点
（1）树立"绿水青山就是金山银山"的新发展理念。
（2）树立淡泊名利、潜心研究的科学家精神。
（3）树立家国情怀和担当意识。
（4）理解中华优秀传统文化的思想精华和时代价值。

2　课程思政教学方法与设计
2.1　课程思政教学方法
（1）体验式教学：以学生为主体，以探究为主线，以体验为交流，学生通过亲自参观、体验、观察，理解并建构知识和培养能力。
（2）情境式教学：充分利用形象，创设典型场景，激发学生的学习情绪，把认知活动和情感活动结合起来。

2.2　课程思政元素融入设计
（1）在龙井村，讲解习近平总书记"绿水青山就是金山银山"的新发展理念。这里是村落整洁、鸟语花香的社会主义新农村，家家户户一年只忙碌一季春茶，全年收益颇丰，正诠释了这一新发展理念，以此增强学生的绿色发展观。
（2）在翁家山老龙井（葛洪井），从东晋道教理论家、著名炼丹家和医学家葛洪，引申到从《肘后备急方》获得灵感并提炼出青蒿素的屠呦呦，激发学生树立淡泊名利、潜心研究的科学家精神。
（3）在水乐洞和石屋洞，讲解历代文人诗文石刻，参观村民在房前屋后种植的桂花树，想象八月桂花飘香，并以历代文人咏桂诗句互动，使学生理解中华优秀传统文化的思想精华和时代价值。

6 "构造地质学"课程思政教学案例

6.1 课程简介

"构造地质学"课程是地质类专业本科生大二年级上学期的专业大类基础必修课。本课程要求学生掌握各种地质构造的观察和研究方法,典型构造组合的力学成因机制,区域构造综合解析的原则、方法和基本内容,以及基本地质图件的阅读、分析和编制;了解构造地质学的现状,初步具备分析区域构造演化史的能力;增强学生对祖国大好河山的热爱,培养学生以献身地质事业为荣,以艰苦奋斗为荣,以找矿立功为荣的"三光荣"精神。课程与培养目标中育人指标点的支撑关系见表3.6.1。

表 3.6.1 "构造地质学"课程与培养目标中育人指标点的支撑关系

序号	育人要求指标点	指标点内容
1	人文素养	R8.1 树立和践行新时代中国特色社会主义核心价值观、世界观和人生观,能够掌握与资源勘查工程实践相关的人文、历史、环境、法律、安全、伦理等知识,具有人文科学素养
2	地质使命	R8.3 理解工程师对公众的安全、健康、福祉以及环境保护的社会责任,能够在资源勘查工程实践中自觉履行责任

6.2 课程思政总体设计和教学实施思路

采用汉字溯源法,解构关键字甲骨文、籀文或篆文中的基本组成,梳理其在历史长河中的演变,领略造字的内涵和顺应社会发展的变迁,进而引申出课程相关知识脉络,让学生增加对知识点的感知,同时感受中国汉字文化的魅力,培育学生的人文素养;采用情景法和案例法,将构造现象与我国壮丽的地质景观相结合、构造研究方法与新老野外

---

* 中国矿业大学资源与地球科学学院,李明、屈争辉。

地质工作过程相结合，让学生在轻松领略美景和野外工作的乐趣中，掌握相关构造现象和研究方法，同时体会老一辈地质工作者不怕艰辛、为国找矿的奉献精神，以及我国科学技术发展的日新月异，培养学生的地质情怀。课程的知识单元体系及相应思政教学点如表 3.6.2 所示。

表 3.6.2 "构造地质学"课程的知识单元体系及相应思政教学点

序号	知识单元	知识点（含育人知识点）	教学手段	课内学时	课外学时
1	绪论	熟悉构造地质学的研究对象和内容；掌握研究构造地质的方法和现状。了解研究地质构造的意义。介绍老一辈地质先驱为构造地质事业发展创下的光辉业绩，培养学生"三光荣"精神	讲授法和案例法	2	1
2	地质体产状和地层接触关系	掌握地质体及其产状、倾斜岩层的产状、厚度、露头宽度和露头形态。了解直立岩层和水平岩层的特征。掌握地层的接触关系及其地质意义。介绍山西式铁矿和铝土矿的形成过程及对我国国民经济和社会发展的意义	讲授法和案例法	4	1
3	地质构造分析的力学基础	掌握力和应力的基本概念，应力状态分析及构造应力场，岩石变形分析及影响岩石变形的因素。以围压对强度影响和机理为例，引导学生形成迎难而上的精神品质	讲授法和案例法	4	1
4	褶皱构造	掌握褶皱的概念，褶皱要素，褶皱的分类及组合特征，褶皱的形成机制及影响褶皱作用的因素。熟悉褶皱的观察与研究。介绍褶皱对我国化石能源赋存和开采的重要作用	讲授法、演示法、练习法和案例法	6	1
5	节理构造	掌握节理的概念，节理的分类及特征，节理的分期与配套，以及节理的观察和研究。结合节理发育特征介绍平凡而伟大的意义	讲授法、练习法和案例法	2	1
6	断层构造	掌握断层的概念、要素、分类和形成机制。熟悉断层效应。掌握断层的识别标志及其相对位移方向的确定。熟悉断层的观察与研究以及伸展构造、逆冲推覆构造、走向滑动断层和重力滑动构造的特征。介绍断层对我国矿产资源和地震灾害的重要影响	讲授法、演示法、练习法和案例法	6	1
7	岩浆岩体构造	掌握岩浆岩体的产状、原生构造及与围岩的接触关系；熟悉岩浆岩体构造的观察和研究。介绍三峡大坝选址和二叠纪生物大灭绝中的岩浆作用	讲授法、练习法和案例法	4	1
8	区域构造综合分析	掌握区域构造综合分析的原则和方法，构造解析的基本内容，区域构造发展历史的研究。熟悉中国主要地壳运动及其特点，构造演化分析的思路和内容。介绍我国不同时期构造学派的辩证思想及成果	讲授法、练习法和案例法	4	1

6.3 课程思政教学设计样例

"构造地质学"课程思政教学设计样例如表 3.6.3 所示。

表 3.6.3 "构造地质学"课程思政教学设计方案

课程名称	构造地质学	总课时	32 课时	课程类型	专业必修课
授课对象	地质类专业大二年级学生			教师	李明、屈争辉
授课章节	褶皱构造	时长	45 分钟	授课方式	线上线下混合式教学
课程教材	谢仁海,渠天祥,钱光谟. 构造地质学[M]. 徐州:中国矿业大学出版社,2007.				
学习资源	Ben A. Earth Structure: An Introduction to Structural Geology and Tectonics[M]. New York: W. W. Norton & Company,2004. Davis G H, Reynolds S J, Kluth C F. Structural geology of rocks and regions[M]. New York: John Wiley and Sons,2012. Fossen H. Structural Geology[M]. Norway:Cambridge University Press,2016. Nabavi S T, Fossen H. Fold geometry and folding-a review[J]. Earth-Science Reviews,2021:103812. Twiss R J, Moores E M. Structural Geology[M]. New York: Palgrave Macmillan, 2007. 琚宜文,王桂梁. 煤层流变及其与煤矿瓦斯突出的关系——以淮北海孜煤矿为例[J]. 地质论评,2002,48(1):96-105. 王桂梁,朱炎铭. 论煤层流变[J]. 中国矿业学院学报,1988(3):19-28. 李忠权,刘顺. 构造地质学[M]. 3版. 北京:地质出版社,2010. 宋鸿林,张长厚,王根厚. 构造地质学[M]. 北京:地质出版社,2013. 学银在线:https://xueyinonline.com/detail/236160226				

1 育人知识点

(1) 解构"纵"和"横"的籀文和篆文组成,讲述文字演变及内涵,进一步引申到纵弯与横弯褶皱作用的实质,在增加学生对褶皱作用机制认知的同时,让学生领略汉字的渊源与魅力,培育其人文科学素养。

(2) 通过互动式实物模拟实验,培养学生的科学探索精神,结合金矿案例分析,深化学生对构造控矿的理解,以及构造地质工作对我国矿产资源勘查的意义。

(3) 通过煤层与顶底板岩层褶皱变形差异的对比分析,启发学生进行煤层流变对瓦斯赋存和突出影响的科学问题探索,激发学生能够在保护煤矿工人生命安全、减少国家资源和财产损失方面自觉履行行业社会责任,培养学生的地质情怀。

2 课程思政教学方法与设计

本案例将褶皱成因理论与育人因素相结合,用壮丽的褶皱构造现象来引出教学问题,以煤层褶皱变形为切入点,融入人文科学素养、行业社会责任和人与自然和谐共处的绿色发展理念,展现地质工作对我国国民经济和社会发展的意义。该部分教学内容涉及概念理解、现象辨识、几何解析、空间想象、受力分析、逻辑推理和实践运用等方面的内容,具有很强的理论性与实践性,因此,采用了 BOPPPS 教学法,开展启发式教学。在学生通过学习通平台、自主在线预习本章节中的基本概念和基本理论以后,通过判断题和选择题的考核,可了解学生的掌握程度。教学过程中注重培养学生分析问题的能力、动手实践的能力和解决问题的能力。课堂讲授采用多媒体教学,采用讲授法、讨论法、启发式、案例法、三维图解法、动画演示法等教学方式,通过图片鉴赏、案例分析、三维演示和互动体验等方法深入讲解主波长理论和褶皱中和面、弯滑褶皱作用特征、弯流褶皱作用特征、褶皱变形的力学分析和应变分析,以及不对称层间小褶皱成因及意义等课程重点和难点问题,使学生掌握纵弯褶皱作用和横弯褶皱作用的定义、单层纵弯褶皱作用的主波长理论和褶皱中和面特征、多层纵弯褶皱的弯滑褶皱作用和弯流褶皱作用特征,了解弯流褶皱作用对煤矿安全生产的影响。通过将知识传授、能力培养和价值塑造融为一体,实现了润物无声的课程思政教学。

(续表)

2.1 课程思政教学方法
(1) 汉字溯源教学：通过对关键字的溯源解构和随社会发展演化的梳理，让学生理解其内涵，建立其与知识点的联系，培育学生的人文素养。
(2) 互动式教学：以学生为主体，以教师为主导，在教学中，注重课堂互动，充分调动学生的积极性，增强学生的情感体验。
(3) 案例式教学：通过真实案例来引导学生运用知识去分析和解决实际问题，通过分组讨论，鼓励学生反思分析过程，提升学习效果。

2.2 课程思政元素融入设计
(1) 纵，籀文＝（糸，绳索）＋（从，听任），造字本义：解开绳索，听任被俘被捕者逃跑。篆文以"從"代替籀文的"从"。横，篆文＝（木，架）＋（黄，"寅"，练习射箭），造字本义：把弓身平放在弓架上。弓子竖挂时弓身与地面垂直，弓子平放时弓身与地面平行。由此可知纵和横的内涵为顺着和垂着，进一步引申出纵弯与横弯褶皱作用的内涵即为岩层分别受到顺层的力和垂层的力而形成褶皱的作用。
(2) 课堂开展构造地质模拟实验，以同向叠置的双手代表上新下老的地层，随着双手弯曲，褶皱变形作用的发生，能够明显体验到新老地层的相对运动方向，从而激发学生的专业学习兴趣，两只手中发生弯曲分离的部位则对应褶皱转折端的虚脱现象。甘肃省阳山金矿案例的引入则深化了学生对构造控矿的理解，以及构造地质工作对我国矿产资源勘查的意义。
(3) 黑色的煤层和灰黄色的顶底板岩层都发生了强烈的褶皱弯曲变形，同时我们发现煤层和顶底板岩层的褶皱变形形态是不一样的，同学们就很好奇：这是什么原因造成的呢？这个褶皱又是如何形成的呢？通过煤层与顶底板岩层褶皱变形差异的对比分析，培养学生的科学探索精神。同学们看着黑色的煤层难免会联想到煤矿安全事故，为什么会发生瓦斯爆炸和人员伤亡呢？结合行业专家姜波教授科研成果对煤层弯流褶皱作用变形的深入认识成果，启发学生进行煤层流变对瓦斯赋存和突出影响的科学问题探索，激发学生能够在保护煤矿工人生命安全、减少国家资源和财产损失方面自觉履行行业社会责任。

7 "古生物地史学"课程思政教学案例*

7.1 课程简介

"古生物地史学"课程在原先"古生物学""地史学""古生物地史学概论""化石识别与鉴定"等相关课程基础上建立起来,是合肥工业大学前身淮南煤炭工业专科学校设立初始就已开设的地质类相关专业基础课程,课程开设距今已经走过了70多年。授课对象为资源与环境工程学院资源科学与工程系、岩土工程系、生态环境系下设的地质学、资源勘查工程、地下水科学与工程、地球信息科学与技术4个专业大二及大三年级学生。累计上课学生人数已经超过5 000人。"古生物地史学"课程是地质类专业基础课程,更是学生入行的重要专业必修课,一直以来深受广大学生喜爱和欢迎,教学效果优势明显,历年学生评教结果满意度都达优秀水平。"古生物地史学"课程立足生物进化史、沉积发展史和构造演化史(三史)及其耦合关系,系统解读地球及其生物的形成和演化历史。课程内容丰富、涉及广泛、高度综合,是开展课程思政,培养德才兼备地质类人才的重要学科基础课之一。课程共计80学时,其中理论课56学时,实验课24学时。课程与培养目标中育人指标点的支撑关系见表3.7.1。

表 3.7.1 "古生物地史学"课程与培养目标中育人指标点的支撑关系

序号	育人要求指标点	指标点内容
1	政治认同	进一步夯实学生思想政治理论课程基础,将"马克思主义基本原理概论""毛泽东思想与中国特色社会主义理论体系概论""思想道德修养与法律基础""中国近现代史纲要""形势与政策""当代世界经济与政治"等思政课程的精髓融入地质学专业课程教育
2	家国情怀	在专业课程实践中培育和践行社会主义核心价值观,使富强、民主、文明、和谐的价值目标,自由、平等、公正、法治的价值取向,爱国、敬业、诚信、友善的价值准则深入人心

---

* 合肥工业大学资源与环境工程学院,沈越峰、刘俊、袁峰。

(续表)

序号	育人要求指标点	指标点内容
3	科学精神	引导学生认识科技创新在我国现代化建设全局中的核心地位和重大意义,培养学生在地质工作中追求真理、崇尚创新、尊重实践、弘扬理性的科学精神,树立把论文写在祖国大地上的意识和信念
4	地质品质	秉承中华优秀传统文化和道德,树立吃苦耐劳、艰苦朴素、求真务实、团结合作、勇于拼搏、敢于创新的精神
5	地质思维	树立"绿水青山就是金山银山"的可持续发展理念,平衡经济发展尤其是自然资源开发和环境保护之间的重要关系

7.2 课程思政总体设计和教学实施思路

近年来,随着国家对专业课程思政力度的加强,课程组积极探索思想政治教育与专业课相结合的途径和方法。根据"课程思政"育人理念,强化"两注重"教学模式创新,即注重在价值传播中凝聚知识底蕴,注重在知识传播中强调价值引领。尝试将思政元素融入教书育人过程,坚持立德树人,为培养全能型地质人才打下坚实基础。为充分发挥"古生物地史学"课程育人价值,确立以下四个基本点:在内容上,注重贴近现实,在知识体系中融入正确的价值观;在讲解上,注重从问题切入,在重大理论观点的讲解中加强思想引导;教师方面,注重团队合作,在整合教学力量和资源中形成科学的育人机制;在方法上,注重拓展创新,增强教育教学的吸引力和感染力。

授课过程融入思想政治教育的总体教学设计主要包括以下四个"融合":

(1) 马克思主义哲学与地球科学哲学思想相融合。

(2) 社会主义核心价值观与地质精神相融合。

(3) 新时代生态文明建设与地质学可持续发展相融合。

(4) 专业实践教学与思政教学相融合。

课程的知识单元体系及相应思政教学点如表3.7.2所示。

表3.7.2 "古生物地史学"课程的知识单元体系及相应思政教学点

序号	知识单元	知识点(含育人知识点)	教学手段	课内学时	课外学时
1	古生物学的基本概念与研究对象	介绍古生物学及化石的定义,古生物的形成与发展,融入马克思辩证唯物主义认识论;介绍化石形成的条件以及经历的过程,融入量变到质变的唯物辩证法观点	以讲授法教学为主,加入多媒体视频以辅助,并进行研讨式教学	2	2

(续表)

序号	知识单元	知识点（含育人知识点）	教学手段	课内学时	课外学时
2	古生物的系统与分类	介绍古生物的分类方法与体系，分类等级以及命名方法，融入马克思主义哲学中辩证的思想、对立统一的规律以及马克思主义唯物史观	以讲授法教学为主，并组织学生参观古生物实验室，对古生物化石进行初步认识	2	2
3	生命的起源与演化	介绍生物的起源以及最早的化石记录，对早期生物进化以及化石生物群进行讲述，介绍寒武纪生命大爆发，融入辩证唯物主义自然观，系统演化观和对立统一的马克思主义哲学思想	以讲授法教学为主，并组织学生课外参观安徽省地质博物馆，取得对古生物学的初步认识	2	2
4	生物与环境	介绍环境的定义以及生物与环境的关系，各类生物的生活方式以及影响生物生存的主要环境因素，树立人与自然和谐相处的可持续发展观	以讲授法教学为主，并加以多媒体视频等辅助	2	2
5	原生生物	介绍原生生物与原生动物在生物进化树中的分类位置，以及其在地质历史时期中的演化过程，融入量变到质变的唯物辩证法观点	以讲授法教学为主，加入多媒体视频以辅助，并进行研讨式教学	2	2
6	多孔动物门和刺胞动物门	介绍多孔动物门以及刺胞动物门的进化地位、一般特征、分类、生态演化以及地史分布，引入海绵对于水体的净化作用，呼吁学生树立保护水资源，保护生态环境的意识，让水更清，海更蓝	以讲授法教学为主，并加以多媒体视频等辅助	2	2
7	苔藓动物门和腕足动物门	介绍苔藓动物以及腕足动物的内部构造，分类系统，生态环境，演化趋势以及地史分布，融入马克思主义运动观，相对静止绝对运动的思想	以讲授法教学为主，加入多媒体视频以辅助，并进行研讨式教学	2	2
8	软体动物门	介绍软体动物分类系统、形态构造以及其演化进程，融入量变到质变的唯物辩证法观点	以讲授法教学为主，并加以多媒体视频等辅助	2	2
9	节肢动物、棘皮动物、半索动物门	介绍节肢动物、棘皮动物、半索动物的形态特征，分类体系以及演化趋势，进一步加强学生对生物演化的认识，正确处理人与自然的关系	以讲授法教学为主，并加以多媒体视频等辅助	2	2
10	脊椎动物	介绍脊索动物门的形成与演化，各类脊索动物分类特征以及人类的起源与演化，融入辩证唯物主义认识论，否定唯心论、不可知论	以讲授法教学为主，并加以多媒体视频等辅助	2	2
11	遗迹化石、古植物	介绍遗迹化石以及古植物化石的定义，形成过程以及分类与命名，引入古植物演化过程对现今生态环境的影响，呼吁学生爱护地球，保护环境	以讲授法教学为主，加入多媒体视频以辅助，并进行研讨式教学	2	2

(续表)

序号	知识单元	知识点（含育人知识点）	教学手段	课内学时	课外学时
12	沉积古地理学一	介绍沉积古地理的基本概念、原理及定律，介绍沉积环境的判别标志，融入辩证唯物主义自然观和对立统一的马克思主义哲学思想	以讲授法教学为主，并加以多媒体视频等辅助	2	2
13	沉积古地理学二	介绍主要的沉积环境以及其沉积特征，树立保护植被，防止水土流失，人与自然和谐相处的可持续发展观	以讲授法教学为主，并加以多媒体视频等辅助	2	2
14	地层学一	介绍地层学的概念、定律和地层的接触关系，以及地层单位和地质年代，融入实践出真知的基本理念	以讲授法教学为主，并加以多媒体视频等辅助	2	2
15	地层学二	介绍地层的形成作用，通过现有的沉积环境加深对地层的形成作用以及环境的认识，融入马克思主义运动观，相对静止绝对运动的思想	以讲授法教学为主，并加以多媒体视频等辅助	2	2
16	历史大地构造学一	介绍历史大地构造的概念以及其分析方法，介绍板块构造的内容，融入马克思辩证唯物主义认识论	以讲授法教学为主，加入多媒体视频以辅助，并进行研讨式教学	2	2
17	历史大地构造学二	介绍古板块恢复方法以及板块运动的两种动力来源，说明板块运动至今未停止，预测大西洋继续扩张等，融入马克思主义运动观，相对静止绝对运动的思想	以讲授法教学为主，加入多媒体视频以辅助，并进行研讨式教学	2	2
18	冥古宙史	介绍太阳系与地球的形成假说，地球圈层的分化以及生命起源，融入辩证唯物主义认识论，否定唯心论、不可知论	以讲授法教学为主，并加以多媒体视频等辅助	2	2
19	太古宙史	介绍太古宙地质时期以及生物演化趋势，融入辩证唯物主义认识论，否定唯心论、不可知论	以讲授法教学为主，并加以多媒体视频等辅助	2	2
20	元古宙史	介绍元古宙古大陆，构造演化矿产资源、元古宙环境与生物演化，强调资源保护的重要性，树立"绿水青山就是金山银山"的可持续发展观	以讲授法教学为主，并加以多媒体视频等辅助	2	2
21	古生代史一	介绍早古生代的古大陆，构造演化以及中国沉积矿产资源，引入资源与国民经济发展的重大关系，以及当今世界对能源和矿产资源的需求	以讲授法教学为主，并加以多媒体视频等辅助	2	2
22	古生代史二	介绍晚古生代的划分、大地构造、古气候演化以及中国沉积矿产资源，呼吁学生爱护地球，合理应用资源，保护环境，节能减排	以讲授法教学为主，并加以多媒体视频等辅助	2	2

(续表)

序号	知识单元	知识点（含育人知识点）	教学手段	课内学时	课外学时
23	古生代史三	介绍古生代生物演化史，融入辩证唯物主义认识论，否定唯心论、不可知论	以讲授法教学为主，并加以多媒体视频等辅助	2	2
24	中生代史一	介绍中生代的划分、大地构造以及环境演化，融入马克思主义运动观，相对静止绝对运动的思想	以讲授法教学为主，并加以多媒体视频等辅助	2	2
25	中生代史二	介绍中生代古气候演化以及中国中生代沉积地层分布，呼吁学生保护环境，节能减排	以讲授法教学为主，并加以多媒体视频等辅助	2	2
26	中生代史三	介绍中生代生物演化史，融入辩证唯物主义认识论，否定唯心论、不可知论	以讲授法教学为主，并加以多媒体视频等辅助	2	2
27	新生代史一	介绍新生代的地质运动过程，融入马克思主义运动观，相对静止绝对运动的思想	以讲授法教学为主，加入多媒体视频以辅助，并进行研讨式教学	2	2
28	新生代史二	介绍新生代的地质特征，古气候环境演化，介绍地球表面的万象更新，这种变化和更新不是简单重复，而是辩证发展过程	以讲授法教学为主，加入多媒体视频以辅助，并进行研讨式教学	2	2
29	古生物实验一	让学生们在实践中综合鉴定刺胞动物化石，融入实践出真知的基本理念，鼓励学生脚踏实地，求真务实，敢于创新，为地质学学习打下扎实的基础	以实验教学为主，研讨式学习为辅，让学生基本认识各类常见矿物、岩石和矿石	2	2
30	古生物实验二	让学生们在实践中综合鉴定软体动物化石，融入实践出真知的基本理念，鼓励学生脚踏实地，求真务实，敢于创新，为地质学学习打下扎实的基础	以实验教学为主，研讨式学习为辅，让学生基本认识各类常见矿物、岩石和矿石	2	2
31	古生物实验三	让学生们在实践中综合鉴定节肢动物——三叶虫化石，融入实践出真知的基本理念，鼓励学生脚踏实地，求真务实，敢于创新，为地质学学习打下扎实的基础	以实验教学为主，研讨式学习为辅，让学生基本认识各类常见矿物、岩石和矿石	2	2
32	古生物实验四	让学生们在实践中综合鉴定苔藓动物化石，融入实践出真知的基本理念，鼓励学生脚踏实地，求真务实，敢于创新，为地质学学习打下扎实的基础	以实验教学为主，研讨式学习为辅，让学生基本认识各类常见矿物、岩石和矿石	2	2

（续表）

序号	知识单元	知识点（含育人知识点）	教学手段	课内学时	课外学时
33	古生物实验五	让学生们在实践中综合鉴定腕足动物化石，融入实践出真知的基本理念，鼓励学生脚踏实地，求真务实，敢于创新，为地质学学习打下扎实的基础	以实验教学为主，研讨式学习为辅，让学生基本认识各类常见矿物、岩石和矿石	2	2
34	古生物实验六	让学生们在实践中综合鉴定半索动物——笔石化石，融入实践出真知的基本理念，鼓励学生脚踏实地，求真务实，敢于创新，为地质学学习打下扎实的基础	以实验教学为主，研讨式学习为辅，让学生基本认识各类常见矿物、岩石和矿石	2	2
35	古生物实验七	让学生们在实践中综合鉴定脊索动物化石，融入实践出真知的基本理念，鼓励学生脚踏实地，求真务实，敢于创新，为地质学学习打下扎实的基础	以实验教学为主，研讨式学习为辅，让学生基本认识各类常见矿物、岩石和矿石	2	2
36	古生物实验八	让学生们在实践中综合鉴定古植物化石，融入实践出真知的基本理念，鼓励学生脚踏实地，求真务实，敢于创新，为地质学学习打下扎实的基础	以实验教学为主，研讨式学习为辅，让学生基本认识各类常见矿物、岩石和矿石	2	2
37	地史学实验一	观察了解典型的岩相标志并了解其指相意义，认识岩相识别标志及依据，学习掌握岩相分析的方法，在实践中对课堂知识进行融会贯通，融入实践出真知的基本理念	以实验教学为主，研讨式学习为辅，让学生基本认识各类常见矿物、岩石和矿石	2	2
38	地史学实验二	在实践中学习并熟练地层划分和对比，以及地层单位的确定等地质工作内容，鼓励学生脚踏实地，求真务实，敢于创新，为地质学学习打下扎实的基础	以实验教学为主，研讨式学习为辅，让学生基本认识各类常见矿物、岩石和矿石	2	2
39	地史学实验三	学习岩相古地理图的编制工作，学习其从收集资料到野外工作及最后编图的完整流程，让同学们了解地质工作的辛苦，树立吃苦耐劳、艰苦朴素、求真务实、团结合作、勇于拼搏、敢于创新的精神	以实验教学为主，研讨式学习为辅，让学生基本认识各类常见矿物、岩石和矿石	2	2
40	地史学实验四	学习岩相古地理读图方法以及沉积示意剖面图的制作，鼓励学生脚踏实地，求真务实，敢于创新，为地质学学习打下扎实的基础	以实验教学为主，研讨式学习为辅，让学生基本认识各类常见矿物、岩石和矿石	2	2

7.3 课程思政教学设计样例

"古生物地史学"课程思政教学设计样例如表 3.7.3 所示。

表 3.7.3　"古生物地史学"课程思政教学设计方案

课程名称	古生物地史学	总课时	80 课时	课程类型	专业必修课
授课对象	地质学、资源勘查工程、地下水科学与工程、地球信息科学与技术专业大二、大三年级学生			教师	沈越峰、刘俊、袁峰
授课章节	生命的起源与演化	时长	50 分钟	授课方式	线下
课程教材	童金南. 古生物学 [M]. 2 版. 北京：高等教育出版社，2021. 陈建强，王训练，张海军，等. 地史学简明教程 [M]. 北京：地质出版社，2018. 童金南，殷鸿福. 古生物学 [M]. 北京：高等教育出版社，2007. 刘本培，金秋琦. 地史学教程 [M]. 北京：地质出版社，1996. 杜远生，童金南. 古生物地史学概论 [M]. 2 版. 武汉：中国地质大学出版社，2009.				
学习资源	Clarkson E N K. Invertebrate Palaeontology and Evolution [M]. 4th ed. New Jersey: Blackwell, 1998. Prothero D R. Bringing Fossils to Life: An Introduction to Paleobiology [M]. 2nd ed. New York: McGraw-Hill, 2004. Harold L L, David T K. The Earth Through Time [M]. 11th ed. New York: John Wiley and Sons, 2017. 富特，米勒. 古生物学原理 [M]. 3 版. 樊隽轩，詹仁斌，译. 北京：科学出版社，2013. Scholle P A, Ulmer-Scholle D S. A Color Guide to the Petrography of Carbonate Rocks: Grains, textures, porosity, diagenesis [M]. Tulsa: American Association of Petroleum Geologists, 2003. 肖传桃. 古生物学与地史学概论 [M]. 北京：石油工业出版社，2008. 杜远生，童金南. 古生物地史学概论 [M]. 武汉：中国地质大学出版社，2010. http://paleo.ku.edu/tronline/treatiseonline.html3 数字古生物合集网址：https://www.digitalatlasofancientlife.org/learn/ 马里兰大学地史学课程网址：https://www.geol.umd.edu/~tholtz/G102/ 慕课网南京大学史宇坤老师古生物学网址：https://www.icourse163.org/course/NJU-1449998166 慕课网中国地质大学（武汉）龚一鸣老师地史学网址：http://www.icourse163.org/course/CUG-1461094175 爱课程网中国地质大学（武汉）童金南老师古生物学网址：http://www.icourses.cn/sCourse/course_3297.html 爱课程网中国地质大学（武汉）龚一鸣老师地史学网址：http://www.icourses.cn/sCourse/course_3299.html 化石网：http://web.uua.cn/Treatise Online：https://journals.ku.edu/treatiseonline/index B 站古生物 Up 主芳斯塔芙：https://space.bilibili.com/72270557				

1　育人知识点

(1) 结合生命起源的假说和进化论思想的演变，将马克思主义哲学与地球科学哲学思想相结合。记录于地层中的地史事件印证了唯物的观点；地质运动主要学科理论的变迁印证了人们对地球认识的不断升华，是认识的"否定之否定"。

(2) 结合地球生命起源与演化认识的不断推陈出新，老一辈地质学家尤其是古生物学家前赴后继地深入研究，将社会主义核心价值观与地质精神相融合。老一辈地质工作者开创出客观求实、求知求真、艰苦奋斗的精神，

(续表)

改革开放前老一辈地质学家为国图强、不谋己利的爱国情怀，改革开放后"三光荣"的地质工作品质、社会主义核心价值观是新时代地质学子对老一辈地质工作者职业精神的传承与创新。
(3) 结合地球孕育生命的独特性和现代生态环境的变化情况，将新时代生态文明建设与地质学可持续发展相结合。地质历史时期的生命大爆发与生物大灭绝事件往往伴随着重大气候事件，联系"绿水青山就是金山银山"，将人类命运共同体与尊重自然、保护环境、节能减排的思想相结合，成为新时代可持续发展的地质学者。
(4) 参观安徽省地质博物馆和合肥工业大学地质博物馆，将专业实践教学与思政教学相结合。实践是理论的直接体现，为此制定了"两创新三实验四实习"的第二课堂教学，将思政元素润物细无声地融入教学之中。

2 课程思政教学方法与设计

2.1 课程思政教学方法

(1) 以学生为中心的教学：以学生为中心，以问题为导向，以教师为主导，注重课堂互动，充分调动学生的积极性。
(2) 讨论式教学：通过学生的分组讨论来分析地球生命起源假说的可能性和存在的缺陷，让学生自主去寻找线索和证据，锻炼学生的自主学习能力。
(3) 实践式教学：通过参观地质博物馆，将理论与实践相结合，让学生在博物馆不同的多媒体中感受生命的演化和地球的变迁。

2.2 课程思政元素融入设计

(1) 结合生命起源的假说和进化论思想的演变，将马克思主义哲学与地球科学哲学思想相融合。说明人们对地球生命起源和演化的认识不断升华，是认识的"否定之否定"。
(2) 结合老一辈地质学家尤其是古生物学家孜孜不倦的研究精神，大海捞针式的科学探索，将社会主义核心价值观与地质精神相融合。学习地质学家开创出的客观求实、求知求真、艰苦奋斗的精神，改革开放前老一辈地质学家为国图强、不谋己利的爱国情怀，改革开放后"三光荣"的地质工作品质。
(3) 结合地球孕育生命的独特性和现代生态环境的变化情况，将新时代生态文明建设与地质学可持续发展理念相结合。地质历史时期的生命大爆发与生物大灭绝事件往往伴随着重大气候事件，联系"绿水青山就是金山银山"，将人类命运共同体与尊重自然、保护环境、节能减排的思想相融合，成为新时代可持续发展的地质学者。

8 "基础地质"课程思政教学案例*

8.1 课程简介

"基础地质"课程是地质工程专业本科生大二年级上学期的专业基础课。课程要求学生了解地质学的基本框架和知识体系,掌握有关地质学的基本知识,树立天下意识,培养家国情怀;认识岩石和矿物的成因,理解各种内力地质作用和外力地质作用发生的过程和机理,了解地球的演化和行星地质作用,了解人类地质活动对地质环境的影响,学习和掌握地质思维方法;正确理解、合理分析和科学解释工程中的复杂地质现象,树立地质品质,为解决复杂工程地质问题奠定坚实基础。课程与培养目标中育人指标点的支撑关系见表 3.8.1。

表 3.8.1 "基础地质"课程与培养目标中育人指标点的支撑关系

序号	育人要求指标点	指标点内容
1	天下意识	R2.1 引导学生树立人类命运共同体的价值观和促进人类共同进步的坚定信念,树立建立人类命运共同体的坚定信念 R2.2 引导教育学生认识地质的时空观和物质观与人类文明脉络,树立献身地质工程事业和肩负民族复兴重任的崇高理想
2	家国情怀	R3.3 引导学生深刻认识专业在国民经济发展中的基础地位,激发学生将个人理想追求与国家命运深度融合的家国情怀和担当意识
3	地质品质	R8.1 教育引导学生深刻理解中国伟大地质精神的思想精华和时代价值,自觉践行和发扬中国地质精神。 R8.3 培养学生敬业、精益、专注、创新的大国工匠精神
4	地质思维	R9.2 厚植地质先行、人与自然和谐共处的绿色发展理念

---

* 同济大学土木工程学院,王建秀。

8.2 课程思政总体设计和教学实施思路

基于时代需求导向和学生专业毕业要求，建设课程的思想性、科学性、时代性、高阶性、创新性内涵。在各知识点中挖掘提炼思政元素，融入科学问题和时代主题，利用"工学的地质思维"进行通识教育拓展和课程思政教学。

（1）混合线上教学实现知识点和知识单元的初步掌握：在小规模限制性在线课程（Small Private Online Course，SPOC）第一阶段在线学习部分，按照教师要求先预习教材主要知识点，通过大规模开放在线课程（Massive Open Online Course，MOOC）学习和理解各个知识点，同步参加在线课程对于知识的测试。

（2）混合线上教学实现知识点与课程思政的初步融合：在线测试后，要求学生进入线上课程综合讨论区，老师结合每次课程内容，在线发布5个讨论主题，其中3个为专业知识主题，2个为广义思政主题。要求每个学生在线发表自己的观点，并计入最终考试的成绩。同时，要求学生每学期发布5～10个讨论主题，由老师主导、学生参加，到学生主导、学生参加，老师通过点评把握方向的形式，实现课程思政和专业教学的初步融合。

（3）混合线下教学编制知识点网络、建立课程专业知识体系：在线下教学部分，老师以课程知识单元为依据，划分知识集群，然后，在课堂教学中，将同学们线上大体掌握的基本知识点编制成知识网，将各个知识点集中收敛于某个知识体系，建立各个知识的层级和继承关系，让同学们的知识从发散走向收敛。将已有的250个知识点，凝练为21个知识单元，再将21个知识单元，最终凝练为有关地质学的总体知识，从知识的分解到知识的集成，建立有关地质学的知识体系框架。

（4）混合线下教学实现课程知识体系应用以及课程思政的无缝融合：结合国家和社会发展的重大需求、工程和科技研究的前沿领域，融入教师科研和工程实践经验，以实际工程案例为入口，针对实际工程中对于基础地质知识的需求为抓手，首先提出问题，让学生结合自己所学知识点，结合教师辅助建立的知识体系，来努力学习理论结合实际方法，用所学知识分析问题和解决问题。同时，结合家国情怀、历史文化、绿色发展、职业素养、名人逸事、心理人文等，合理设计课程思政的融入内容和方式，实现课程思政与专业教学的无缝融合。

课程的知识单元体系及相应思政教学点如表3.8.2所示。

表 3.8.2 "基础地质"课程的知识单元体系及相应思政教学点

序号	知识单元	知识点（含育人知识点）	教学手段	课内学时	课外学时
1	绪论	地质学的定义（掌握）、地质学的研究对象（了解）、地质学的任务（熟悉）、地质学的研究内容（了解）、地质作用，内力地质作用，外力地质作用（掌握）、地质作用的特点（掌握）、地质作用的研究方法（熟悉）、地质思维（掌握）、我国地学研究的若干地域优势（了解），介绍我国复杂的地质特色和壮美的河山	课堂讲授 在线学习 翻转课堂 课后作业	2	2
2	矿物学基础	地壳元素丰度（掌握）、矿物的定义（掌握）、晶体（掌握）、同质多象-类质同象（掌握）、矿物的形态（掌握）、矿物的物理力学性质（掌握）、晶体对称定律（了解）、晶体对称分类（了解）、矿物的用途（了解），介绍"橘生淮南"的典故，讨论环境对人成长的影响	课堂讲授 在线学习 翻转课堂 课后作业	4	4
3	常见矿物	38种常见矿物的化学成分（熟悉）、形态（掌握）、物理性质（掌握）、成因及产状（了解）、鉴定特征用途（掌握），介绍和氏璧的矿物成分以及将相和抵御外敌的故事	课堂讲授 在线学习 翻转课堂 课后作业	8	8
4	岩浆作用与火山岩	岩石按地质成因的分类（掌握）、岩浆作用（掌握）、岩浆的概念（熟悉）、喷出作用与喷发物（掌握）、火山喷发方式（掌握）、喷出岩浆的类型及喷发特征（掌握）、火山喷发的间歇性（掌握）、火山喷发对气候的影响（掌握）、世界火山的分布（掌握）、侵入作用与侵入岩（掌握）、侵入岩的产状（掌握）、侵入岩的主要类型（掌握）、岩浆岩的结构（掌握）、岩浆岩的构造（掌握）、岩浆岩的分类（熟悉）、岩浆岩的野外识别（了解）、地球的内热及成因（了解）、同化作用与混染作用（掌握）、鲍温反应系列与分离结晶作用（掌握）、岩浆混合作用（了解），介绍苏州烈士陵园捕虏体、析离体的成因，学习烈士英雄事迹	课堂讲授 在线学习 翻转课堂 课后作业	4	4
5	外力地质作用与沉积岩	沉积岩（掌握）、引起外力地质作用的因素（了解）、引起外力地质作用的能源（了解）、外力地质的类型（掌握）、沉积物的来源与矿物（熟悉）、沉积岩的结构（掌握）、沉积岩的构造（掌握）、常见的沉积岩（熟悉），介绍沉积物磨圆度的演化，讨论个人成长与社会历练	课堂讲授 在线学习 翻转课堂 课后作业	2	2
6	变质作用与变质岩	变质岩（掌握）、变质作用（掌握）、引起变质作用的因素（熟悉）、变质作用中原岩的变化（了解）、变质岩中的矿物（了解）、变质岩的结构（掌握）、变质岩的构造（掌握）、接触变质作用（掌握）、区域变质作用（掌握）、混合岩化作用（掌握）、动力变质作用（掌握）、岩石的演变（了解），介绍三大岩的前世和今生，实践分析地质演化的思维方法	课堂讲授 在线学习 翻转课堂 课后作业	2	2

（续表）

序号	知识单元	知识点（含育人知识点）	教学手段	课内学时	课外学时
7	地质年代	地质年代（掌握）、地层层序律（掌握）、生物层序律（掌握）、切割律或穿插关系（掌握）、同位素年龄的测定（了解）、地质年代表（掌握）、岩石地层单位（掌握）、地质历史时期的生物爆发与灭绝（了解），介绍发现云南澄江动物群的故事	课堂讲授 在线学习 翻转课堂 课后作业	2	2
8	地震及地球内部构造	地震（掌握）、地震要素（掌握）、地震的特点与海啸（掌握）、地震类型（掌握）、地震序列（掌握）、地震波与地震仪（掌握）、地震的强度（掌握）、地震的分布（掌握）、地震预报与预防（掌握）、地球的内部构造（掌握）、均衡原理（掌握），介绍汶川地震和地质工作者抗震救灾的故事	课堂讲授 在线学习 翻转课堂 课后作业	2	2
9	构造作用与地质构造	构造作用（掌握）、构造作用的基本方式（掌握）、岩层的产状要素（掌握）、褶皱（掌握）、褶皱的几何要素（掌握）、褶皱的类型（掌握）、褶皱的野外识别方法（了解）、断裂（掌握）、断层的几何要素（掌握）、断层命名（掌握）、判识断层的存在及其形成年代（掌握）、节理（掌握）、节理的分类（掌握）、断层相关的褶皱（了解）、地层的接触关系（掌握）、构造期与地质构造（了解），介绍李四光和地质力学的故事	课堂讲授 在线学习 翻转课堂 课后作业	2	2
10	板块构造	大陆漂移说（了解）、地幔对流说（了解）、海底扩展说及证据（了解）、板块边界类型（掌握）、全球板块构造的划分（掌握）、两种大陆边缘（熟悉）、毕鸟夫带（掌握）、威尔逊旋回（掌握）、板块运动的驱动力（了解）、地体的概念（了解），介绍魏格纳和大陆漂移说的故事	课堂讲授 在线学习 翻转课堂 课后作业	2	2
11	风化作用	风化作用（掌握）、风化作用类型的划分（掌握）、物理风化作用（掌握）、化学风化作用（掌握）、生物风化作用（掌握）、制约岩石风化性质与特征的因素（熟悉）、风化作用的产物（了解）、风化地貌（了解），介绍亲历龙游石窟风化和地质防治的故事	课堂讲授 在线学习 翻转课堂 课后作业	2	2
12	河流及其地质作用	河流概述（了解）、河流的侵蚀作用（掌握）、河流侵蚀作用的方式（掌握）、河流侵蚀作用的方向（掌握）、河流的搬运作用（熟悉）、河流的沉积作用（掌握）、冲积物的特征（掌握）、河流的均夷化与去均夷化（了解）、河流阶地及阶地类型（掌握）、河流发育与地质构造关系（了解），介绍《我的祖国》歌曲及《英雄儿女》电影故事	课堂讲授 在线学习 翻转课堂 课后作业	2	2

(续表)

序号	知识单元	知识点（含育人知识点）	教学手段	课内学时	课外学时
13	冰川及其地质作用	冰川的定义（掌握）、冰川的形成（了解）、冰川的运动（了解）、冰川的类型（掌握）、冰川的剥蚀作用与冰蚀地貌（掌握）、冰川的搬运作用（掌握）、冰川的沉积作用（掌握）、与冰碛物的特点（掌握）、冰碛物地貌（掌握）、冰水沉积物及其地貌（熟悉）、冰川作用及其原因（了解），介绍冻土对工程建设影响以及中国青藏铁路建设故事	课堂讲授 在线学习 翻转课堂 课后作业	2	2
14	地下水及其地质作用	地下水概述（了解）、地下水的化学成分（掌握）、地下水的补给和排泄（熟悉）、按埋藏条件划分地下水的类型（掌握）、按含水层空隙划分的地下水类型（掌握）、地下热水（了解）、地下水的剥蚀作用（掌握）、喀斯特（掌握）、喀斯特地貌（了解）、影响喀斯特发育的因素（掌握）、地下水的搬运作用（掌握）、地下水的沉积作用（掌握）、地下水的开发与利用（了解），介绍亲历云南王家寨隧道突泥涌水防治工作的故事	课堂讲授 在线学习 翻转课堂 课后作业	2	2
15	海洋及其地质作用	海与洋（了解）、海水的化学成分（了解）、海水的物理性质（了解）、海水中的生物（了解）、波浪及其地质作用（掌握）、潮汐及其地质作用（掌握）、洋流及其地质作用（掌握）、浊流及其地质作用（掌握）、海底沉积物（掌握）、海水的进退（了解），介绍同济大学海底观测大科学工程	课堂讲授 在线学习 翻转课堂 课后作业	2	2
16	湖沼及其地质作用	湖泊与沼泽（掌握）、湖泊概况（掌握）、湖泊的来源、排泄及其化学成分（掌握）、湖泊的成因类型（掌握）、我国湖泊分布的特点（掌握）、湖水运动的特征（掌握）、湖泊的剥蚀和搬运作用（掌握）、湖泊的沉积作用（掌握）、沼泽的概念（掌握）、沼泽的形成途径（掌握）、沼泽的沉积作用（掌握），介绍湖泊演化的地质思维和红军长征过草地的故事	课堂讲授 在线学习 翻转课堂 课后作业	2	2
17	荒漠及其地质作用	荒漠的定义（掌握）、荒漠的形成条件（了解）、荒漠的特征（了解）、荒漠化（掌握）、风的定义（掌握）、风的剥蚀作用（掌握）、雅丹地貌或风蚀地貌（掌握）、风的搬运作用（掌握）、风的沉积作用（掌握）、风积物的特点（掌握）、风积地貌（掌握）、黄土的概念及特征（掌握）、黄土的物质成分及分布（了解）、黄土的成因（熟悉），介绍黄土地貌与黄土文化	课堂讲授 在线学习 翻转课堂 课后作业	2	2

(续表)

序号	知识单元	知识点（含育人知识点）	教学手段	课内学时	课外学时
18	块体运动	块体运动的定义（掌握）、影响块体运动的因素（熟悉）、块体运动的类型（掌握）、崩塌（掌握）、滑坡（掌握）、泥石流（掌握）、地质灾害的概念（掌握）、地质灾害防治（熟悉），介绍我国在空天地一体化滑坡监测与预报中作出的贡献	课堂讲授 在线学习 翻转课堂 课后作业	2	2
19	行星地质概述	太阳系（了解）、撞击作用（掌握）、太阳系起源（了解）、类地行星（了解）、月球的构造特征（熟悉）、月球的表面（熟悉）、月岩及月壤（掌握）、类木行星及其卫星（了解），介绍同济大学在探月工程中作出的贡献	课堂讲授 在线学习 翻转课堂 课后作业	2	2
20	地球形成与生物演化	地球的年龄及形成的三阶段（掌握）、地球的天文时期（了解）、太古宙—元古宙时期（了解）、陆核和地盾的形成（熟悉）、显生宙时期（了解）、地质历史中生物的演化（熟悉），介绍中国恐龙化石的故事	课堂讲授 在线学习 翻转课堂 课后作业	2	2
21	人类社会与地质环境	环境与地质环境的定义（掌握）、环境地质学（掌握）、环境地质学的分支学科和研究方向（了解）、城市兴衰的地质因素（掌握）、城市规划的地质因素（掌握）、城市建设的地质因素（掌握）、人类健康与地质环境（了解）、城市废物处置的地质环境（熟悉）、放射性废物处置的地质环境（熟悉）、人为地质作用（掌握），介绍气候变化、海平面上升、工程性地面沉降与人类工程活动的关系	课堂讲授 在线学习 翻转课堂 课后作业	2	2

8.3 课程思政教学设计样例

"基础地质"课程思政教学设计样例如表 3.8.3 所示。

表 3.8.3 "基础地质"课程思政教学设计方案

课程名称	基础地质	总课时	52 课时	课程类型	专业基础课
授课对象	地质工程专业大二年级学生			教师	王建秀
授课章节	湖泊及其地质作用	时长	90 分钟	授课方式	线上/线下混合式
课程教材	舒良树. 普通地质学 [M]. 4 版. 北京：地质出版社，2020.				

(续表)

| 学习资源 | 中国大学 MOOC：https://www.icourse163.org/course/TONGJI-1206432805 |

1 育人知识点
(1) 结合湖泊地质演化过程的讲解，培养学生的地质思维；引导学生讨论人类活动对环境的影响，融汇地质哲学思想。
(2) 结合红军长征过草地（沼泽），历经千辛万苦实现长征胜利的故事，激励学生不忘初心、牢记使命、艰苦奋斗、追求真理的信念，增强服务国家的责任担当意识。

2 课程思政教学方法与设计
2.1 课程思政教学方法
(1) 四个三位一体教学方法：基于四个三位一体教学体系，无缝融合专业和思政知识，动态聚焦学生关注热点，贯彻"盐溶于水"理念，实现"三全育人"目标。
(2) 翻转思政融合教学方法：在线上教学中，每讲提出 5 个讨论主题，其中 3 个为专业知识讨论，2 个为专业思政融合。在线下教学中，学生对 5 个讨论主题展开讨论，老师进行点评和引导，实现翻转融合教学。

2.2 课程思政元素融入设计
(1) 从湖泊图片入手，列举赞美湖泊的历史诗句，介绍中国湖泊的分布，赞美祖国的大好河山，激发学生家国情怀。
(2) 说明湖泊如此之美，是因为其水体相对宁静。然而湖泊以沉积作用为主，最终难逃消亡的命运。基于湖泊的沉积作用及其演化过程分析，培养学生地质哲学思想，培育地质思维能力。
(3) 由沼泽引入红军长征过草地的故事，说明当时松潘草地就是沼泽，这里生物繁盛，以沉积作用为主，给红军行军造成了极大障碍，激励学生学习前辈、不忘初心、牢记使命。

9 "基础地质学"课程思政教学案例[*]

9.1 课程简介

"基础地质学"是地质类和地质学类专业的必修基础课程,是认识地球的先导性课程,起着科学启蒙和专业基础教育的作用。课程目的是以 21 世纪地球科学面临的任务和应发挥的作用为出发点,采用宏观的人地系统论与行星地球观,帮助学生了解地球系统科学的内涵,建立地球科学体系的基本框架,掌握地质学的研究对象、研究方法和研究手段,并为后续专业课程奠定扎实的地学基础。课程与培养目标中育人指标点的支撑关系见表 3.9.1。

表 3.9.1 "基础地质学"课程与培养目标中育人指标点的支撑关系

序号	育人要求指标点	指标点内容
1	家国情怀	R3.1 教育引导学生把国家、社会、公民的价值要求融为一体,厚植胸怀祖国、服务人民的爱国精神 R3.2 引导学生认识地质类专业在国民经济发展中的历史贡献、基础地位和时代责任,激发学生的专业自豪感、地质报国的家国情怀和担当意识
2	科学精神	R4.2 培养学生在地质工作中追求真理、崇尚创新、尊重实践、弘扬理性的科学精神
3	地质品质	R8.1 教育引导学生深刻理解"三光荣"等地质精神的思想精华和时代价值
4	地质思维	R9.2 厚植地质先行、人与自然和谐共处的绿色发展理念

9.2 课程思政总体设计和教学实施思路

"基础地质学"课程是桂林理工大学地质类、地质学类、环境类专业的核心专业基础

---
[*] 桂林理工大学地球科学学院,白令安。

课程，是大学生进入大学阶段的第一门专业课程，毋庸置疑地应该把大学生的世界观、人生观、价值观以及正确的立场、观点融入课堂教学之中。2018年以来，本课程团队进行了30余轮次的课程思政教学实践，围绕价值塑造、能力培养和知识传授"三位一体"的教学目标，重新制定课程思政教学大纲1份，优化教学设计1份，把相关育人资源划分为家国情怀、辩证唯物主义、生态文明、科学探索和工匠精神5类，挖掘课程思政资源点23处，有效地解决了德育资源不足的难题。

与旗帜鲜明的思想政治理论课程相比，思政课程是思想政治教育的主渠道，发挥系统的马克思主义理论教学的功能，而课程思政则更多以一种柔性的方式开展思想政治教育工作，发挥价值引领的功能。要在专业知识传授过程中做到润物无声、潜移默化地进行价值观培养和传递等，必须遵循思想政治教育的规律，遵守学生成长的规律，同时还必须遵循专业课程的特征和教育规律。为此，我们详细论证了思政要素的融入方式，并经过多轮教学实践，建立了榜样示范法、情感陶冶法、说服教育法、问题导向法、研究性教学法和实践锻炼法6种较为适合理工类专业课程的思政教育融入方法。①榜样示范法，借助古今中外的杰出人物，以其优秀品质和模范行为鼓励青年学生努力学习、独立思考、勤于思考、勇于探索，培养大局意识、时代责任和团结一致、齐心协力的集体主义精神，弘扬红色文化、奋发图强、振兴中华的爱国主义情怀；②情感陶冶法，可引用古今中外的名人名言，使学生沉浸其中，自觉树立环境保护意识，潜移默化中增强民族自豪感、文化自信及制度自信等；③说服教育法，通过摆事实、讲道理，使学生发自内心认同，增强明辨是非的能力，树立生态文明建设的意识，自觉维护国家权益等；④问题导向法，对于逻辑性比较强的知识点，可选择趣味性较强或者生活中较常见的现象，以提问的形式，激发学生的兴趣，同时培养学生的唯物主义世界观、逻辑思维，增强环境保护意识等；⑤研究性教学法，通过开展小型的研究课题，培养善于思考，勇于思考的科学探索精神；⑥实践锻炼法，利用专业实验室、地质博物馆、甑皮岩古人类遗址、灌阳酒海井红色文化遗址开展室内或野外的实践教学，培养学生辩证唯物主义实践论的观点，坚定文化自信，树立视死如归的革命英雄主义和爱国主义情怀。

课程的知识单元体系及相应思政教学点如表3.9.2所示。

表 3.9.2 "基础地质学"课程的知识单元体系及相应思政教学点

序号	知识单元	知识点（含育人知识点）	教学手段	课内学时	课外学时
1	绪论	了解内外地质作用的特点、地球科学发展史以及基本工作方法，掌握地球科学的研究对象、内容、思维方法，通过鲁迅弃军学矿、弃矿学医、弃医从文的经历，弘扬其为中华之崛起而读书的爱国主义精神，增强对地质专业兴趣，坚定地质科学大有可为的专业认同感	课堂教授法 榜样示范法	2	0
2	地球的物理性质	认识地球的独特性，掌握地表形态特征及重力、地磁等地球物理性质，培养民族自豪感和追求真知的科学精神	课堂教授法 实践锻炼法 榜样示范法	2	1
3	河流地质作用	了解河流地貌形态和河流三角洲的成因，掌握河流地貌的演化过程，熟练掌握河流侵蚀作用方式及结果，培养家国情怀等	课堂讲授法 榜样示范法	2	1
4	岩溶地质作用	了解地下水的运动状态，理解岩溶作用条件，掌握岩溶地貌形态和岩溶地貌演化过程等，厚植人与自然和谐共处的绿色发展理念	课堂讲授法 情感陶冶法 榜样示范法	2	1
5	岩溶作用野外研究性教学	了解岩溶地区植被分布规律，掌握地表岩溶和地下岩溶特征，熟练掌握岩溶地质作用的演化过程，培养独立观察、思考和探索的科学精神	实践锻炼法	0	2
6	海洋地质作用	了解海水的运动方式，掌握海洋分带，熟练掌握海蚀地貌的特征和形成过程，增强海洋国土观念，坚决维护海洋国土权益，自觉维护国家主权完整	课堂讲授法 说服教育法 榜样示范法	2	1
7	冰川地质作用	掌握冰川类型、运动方式，熟练掌握冰川的剥蚀和堆积方式及相关地貌，了解冰期及其原因，通过介绍学校三位教师前往南极参加科考事迹，培养学生家国情怀	课堂讲授法 榜样示范法	2	1
8	风的地质作用	掌握风蚀作用的方式、风蚀地貌和风积地貌，了解黄土及其成因，通过中国治理沙漠的成功经验，深刻理解地质"三光荣"精神的思想精华和时代价值	课堂讲授法 榜样示范法	2	1
9	构造运动与地质构造	了解构造运动的时空分布，掌握构造运动的类型，熟练掌握褶皱、断裂、节理的类型及识别标志，利用《梦溪笔谈》中关于沧海桑田的描述，树立文化自信，厚植家国情怀	课堂讲授法 情感陶冶法	2	2

(续表)

序号	知识单元	知识点（含育人知识点）	教学手段	课内学时	课外学时
10	地震作用	了解地震波的传播方式，掌握地震成因类型及预报工作方式，通过唐山地震、汶川地震等案例，增强制度自信，厚植家国情怀，培养科学精神，弘扬人与自然和谐相处的绿色发展理念	课堂讲授法 说服教育法	1	1
11	大陆漂移、海底扩张与板块构造	了解大陆漂移等的由来，掌握大陆漂移、海底扩张、板块构造学说的内容与证据，结合魏格纳的生平，培养学生追求真理、善于思考、勇于探索和不惜献身的科学精神	课堂讲授法 榜样示范法	2	1
12	地质资源与地质环境	了解矿产、能源、土地、水和生物资源，掌握崩塌、滑坡等自然灾害，弘扬地质"三光荣"精神，增强专业认同感和为国家需要而献身的使命精神等	课堂讲授法 说服教育法	2	1

9.3 课程思政教学设计样例

"基础地质学"课程思政教学设计样例如表 3.9.3 所示。

表 3.9.3 "基础地质学"课程思政教学设计方案

课程名称	基础地质学	总课时	21 课时	课程类型	专业基础课
授课对象	地质类、地质学类、环境类、土木类专业大一年级学生			教师	白令安
授课章节	第 8 章第 1 节 海洋环境和海水运动	时长	45 分钟	授课方式	线下
课程教材	钱建平. 基础地质学教程［M］. 北京：地质出版社，2014.				
学习资源	舒良树. 普通地质学［M］. 3 版. 北京：地质出版社，2020. 钱建平，陈宏毅，余勇. 基础地质学实验教程［M］. 北京：地质出版社，2012. 中国大学 MOOC：https：//www. icourse163. org/course/CUG-1449341163				

1 育人知识点
(1) 阐述海洋环境的划分，滨海带、浅海带、半深海带、深海带（大陆架、大陆坡、大陆基和大洋盆地），根据《联合国海洋法公约》规定，大陆架是一国陆地领土向海洋方向的自然延伸，沿海各国对大陆架享有某些主权利。中国对邻接本国领土的海洋，包括钓鱼岛在内的大陆架地区拥有无可争辩的不容侵犯主权权利，培养学生提高海洋意识，增强国土观念，坚决维护权益，自觉维护国家主权完整。
(2) 讲述海水运动的四种方式，波浪、潮汐、洋流和浊流。利用美国国父之一本杰明·富兰克林研究洋流的故事，培养学生善于观察思考、敢于实践、勇于探索的科学精神。

(续表)

2 课程思政教学方法与设计
2.1 课程思政教学方法
(1) 说服教育法：通过摆事实、讲道理，阐述东海大陆架的划分，使学生发自内心地认同钓鱼岛属于中国，自觉维护国家权益等。
(2) 榜样示范法：借助本杰明·富兰克林投放漂流瓶的故事，开展实地考察，研究洋流的世界，培养学生善于观察思考、敢于实践、勇于探索的科学精神。

2.2 课程思政元素融入设计
首先，从海洋的面积，提供的食物，石油、天然气、可燃冰等能源，铜、钴、镍、锰等金属矿产，以及海洋沉积对地球演化的科学意义出发，阐述海洋的重要性和维护国家海洋权益的重大意义。

其次，结合多媒体依次讲述海水的化学成分、物理性质和海洋生物等海洋的基本特征。

接着讲述滨海带、浅海带、半深海带和深海带，其中滨海带和浅海带对应大陆架。这里从地质角度让学生认同钓鱼岛是中国的。不仅很多古籍文献都确凿无疑地证明钓鱼岛自古以来就是中国的领土，而且从专业角度、地质角度上也可以得出这样的结论。大陆架是海水覆盖的大陆，一般坡度小于 0.1°，水深一般不超过 200 m，钓鱼岛位于东海大陆架的边缘，属于东海大陆架的一部分，水深 140~180 m，钓鱼岛东南为水深达 2 000 m 的冲绳海槽，与日本的琉球群岛隔槽相望。《联合国海洋法公约》规定，大陆架是一国陆地领土向海洋方向的自然延伸，沿海国对大陆架享有某些主权权利。中国对邻接本国陆地领土，包括钓鱼岛在内的大陆架地区拥有无可争辩的不容侵犯的主权权利。

继续讲述海水运动的四种方式，波浪、潮汐、洋流和浊流，其中洋流蕴含着思政教育要素。洋流是海洋中大规模定向流动的海水。美国国父之一本杰明·富兰克林是一位杰出的政治家、科学家、发明家，也美国首任邮政局局长，在担任邮政局局长期间，人们发现从美国发出的轮船横渡大西洋之时，航程通常比英国出发的轮船快 15 天左右，杰明·富兰克林意识到大西洋的海水可能从美国向东流到英国，因此去英国是"顺水推舟"，来美国则是"逆水行舟"。那么大西洋自东而西的海水流动的速度是否一样？方向会中途改变吗？汪洋大海中有无固定的洋流？为此，杰明·富兰克林在美国东海岸投放了很多附有优美语言的瓶子，请求大西洋东海岸捡到瓶子的人给他回信，根据回信的时间、地点，富兰克林编制了北大西洋海流图。以此鼓励、引导学生养成善于观察思考、敢于实践、勇于探索的科学精神。

最后做课堂总结，归纳知识点，简短说明提高海洋意识，坚决维护国家权益等。

10 "结晶学与矿物学"课程思政教学案例*

10.1 课程简介

结合河北工程大学培养复合型应用人才的办学定位,完成本课程学习后应达到如下目标。

(1)知识目标。掌握晶体对称理论知识,了解晶体宏观形态与内部结构的关系;理解晶体中原子、离子成键与形成晶体结构的规律;掌握矿物的成分、结构、形态、物理性质、成因等基础知识,熟知矿物的成分与结构对矿物物理性质的影响,矿物成分、结构、物理性质随形成条件的变化规律;能够鉴定50~60种常见矿物。

(2)能力目标。熟练应用矿物物理性质特征知识,鉴定矿物的能力;根据矿物的形态、物理性质及共伴生关系推测矿物成因及形成条件的能力。

(3)素质目标。深刻感知矿物资源对我国经济、军事发展的战略意义,学习黄大年以我国能源安全为己任、敢为天下先的奋斗精神;以王进喜的"油田铁人"精神为榜样,为我国矿产资源领域贡献一份力量。

课程与培养目标中育人指标点的支撑关系见表 3.10.1。

表 3.10.1 "结晶学与矿物学"课程与培养目标中育人指标点的支撑关系

序号	育人要求指标点	指标点内容
1	法治意识	R6.2 了解地质行业相关的法律法规,熟悉环境资源保护和可持续发展等方面的政策、法规
2	地质品质	R8.2 培育学生胸怀宽广、无私奉献、艰苦奋斗、开拓创新、奋发有为的地质品质
3	地质思维	R9.1 教育引导学生深刻理解地质的多尺度物质观和时空观

10.2 课程思政总体设计和教学实施思路

地质学属于自然科学,而思政类内容更多的是属于社会科学范畴,努力寻找课程内容

---

* 河北工程大学地球科学与工程学院,金超、刘浪涛。

中可以和社会科学相统一或者相互关联的地方，做到像"盐溶于水"般"润物细无声"地启发引导学生。

结合国家能源、资源、环境现状，引导学生认识地质类专业在国民经济发展中历史贡献、基础地位和时代责任等现状，激发学生的专业自豪感、地质报国的家国情怀和担当意识。

通过地质类专业科学家及行业杰出代表，如李四光、黄大年、王进喜等先辈们的感人故事和伟大精神，激励学生树立献身地质事业、肩负民族复兴重任、谋求世界大同的崇高理想。

将教师科研课题和科研成果作为工程实例给学生讲述或展示，培育学生的地质思维。

课程的知识单元体系及相应思政教学点如表 3.10.2 所示。

表 3.10.2　"结晶学与矿物学"课程的知识单元体系及相应思政教学点

序号	知识单元	知识点（思政元素）	教学手段	课内学时	课外学时
1	矿物、晶体和非晶体	晶体与空间格子（掌握） 空间格子要素（理解） 晶体的基本性质（掌握）	讲授法 演示法 讨论法	2	2
2	晶体生长与晶面发育规律	面角守恒定律与晶体测量（掌握） 晶体的极射赤平投影（了解） 吴氏网及其应用（理解） 实验1，晶体测量与投影	讲授法 演示法 讨论法 归纳法	2	2
3	晶体的宏观对称规律	晶体的宏观对称要素（了解）和对称操作（理解） 晶体的对称特点与晶体的对称定律（理解） 对称要素组合定理（理解） 对称型及其推导、晶体的对称分类（掌握） 实验2，晶体的对称（二）	讲授法 演示法 讨论法	4	2
4	晶体定向与晶面符号	晶体的定向（了解） 对称型的国际符号（掌握） 晶面符号与晶棱符号（掌握） 整数定律与晶带定律（了解） 实验3，晶体的定向、国际符号	讲授法 演示法 讨论法 归纳法	2	2

(续表)

序号	知识单元	知识点（思政元素）	教学手段	课内学时	课外学时
5	晶体的理想形态	单形和聚形的概念（理解） (思政元素：由于物理化学条件的改变，自然界中能够长成理想晶体形态的矿物很少，因此有了歪晶。人也一样，不可能都非常完美，每个人都有缺点，因此在与同学老师相处的过程中要接受别人的不完美，学会包容) 单形的推导、单形符号（掌握） 结晶单形与几何单形（理解） 单形的分类（理解） 聚形分析（了解） 平行六面体的选择与格子类型（理解） 十四种布拉维格子（掌握） 晶体内部结构的对称要素（理解） 空间群、等效点系（了解） 实验4，47种单形及常见聚形分析	讲授法 讨论法 归纳法	3	2
6	矿物晶体化学及矿物学通论	晶体生长理论简介（了解） (思政元素：原理定理是有局限性的，一旦条件发生变化，现有定理可能就不适用了，有些现象就不能用现有定理来解释了，比如，层状生长理论解释不了在过饱和度小于1%的气相中晶体亦能生长，后来才有了螺旋生长理论) 晶体生长实验方法（了解） 影响晶体生长形态的内因（理解）	讲授法 讨论法 归纳总结	1	0
7	矿物晶体化学简介	等大球最紧密堆积原理（理解） 配位数与配位多面体（了解） 化学键与晶格类型（理解） 类质同象（掌握）、同质多象（掌握）、多型、有序-无序（了解）	讲授法	2	2
8	矿物学通论	矿物及矿物学定义（理解） 元素的克拉克值及离子类型与矿物种类的关系（理解） 矿物化学成分变化的影响因素（掌握） 矿物中的水（了解） 矿物的晶体化学式及其计算（了解）	讲授法 提问法 归纳总结	2	0
9	矿物的形态及形成关系	矿物单晶体形态（掌握） 矿物集合体形态（掌握） 平行连晶、双晶（李晶）、浮生与交生（理解） 实验5，矿物的形态	讲授法 演示法 实例分析	2	2

（续表）

序号	知识单元	知识点（思政元素）	教学手段	课内学时	课外学时
10	矿物的物理性质	矿物的颜色（掌握） 矿物的条痕、光泽、透明度、发光性（掌握） 矿物的解理、裂开、断口（掌握） 矿物的硬度、脆性-延展性、弹性-挠性（掌握） 矿物的相对密度、磁性、压电性、热释电性（掌握） （思政元素：矿物的物理性质是肉眼可见的，但是造成这种性质的原因是肉眼看不到的，需要借助各种手段从原子层面分析，这就告诉我们要透过现象看本质，生活中遇到的各种问题也要深入思考，看透事情的本质，才能更好地理解和解决问题） 实验6，矿物的物理性质	讲授法 演示法 实例分析	4	2
11	矿物的形成及变化	形成矿物的地质作用（掌握） （思政元素：岩浆是在压力的作用下从地下喷出地表的，这说明有时候压力就是动力。苏秦说："使我有洛阳二顷田，安能佩六国相印。"曾国藩说："困难之处，正可看作是激励和逼迫。"鲁迅说："生活太安逸了，工作就会被生活所累。"所以青年人不能过度追求生活安逸，要善于自加压力，善于化压力为动力，拼搏向上，不负韶华） 矿物的成因信息（理解） 矿物的变化（理解）	讲授法 归纳法	2	0
12	矿物鉴定和研究方法及分类命名	矿物的研究方法简介（了解） 矿物的分类和命名（掌握） （思政元素：讲述矿物学家发现新矿物的故事及研究经历，培养学生开拓创新的地质品行）	讲授法 实例分析	2	0
13	自然元素矿物	自然元素大类矿物特征（理解） 常见矿物（掌握） （思政元素：金刚石和石墨是由同一种元素——碳元素组成的，但是它们内部原子排列方式的不同造成了宏观物理性质的天壤之别。这告诉我们要合理地进行资源配置，将人和物放在合适的位置上，才能最大地发挥其功能，增强战斗力。如果资源配置不合理，相互牵制掣肘，那么再多的人也是乌合之众，毫无战斗力，这也是我国持续推进深化体制、机制改革的根本原因）	讲授法 讨论法 实例分析	2	0
14	硫化物及其类似化合物	硫化物及类似化合物大类矿物特征（理解） 常见矿物（掌握） 实验7，自然元素与硫化物矿物	讲授法 讨论法 实例分析	2	2

（续表）

序号	知识单元	知识点（思政元素）	教学手段	课内学时	课外学时
15	氧化物及氢氧化物矿物	氧化物和氢氧化物大类矿物特征（理解） 常见矿物（掌握） 实验 8，氧化物和氢氧化物矿物	讲授法 讨论法 实例分析	2	2
16	含氧盐大类——硅酸盐类	含氧盐大类——硅酸盐类矿物特征（理解） 常见矿物（掌握）：①岛-环状硅酸盐亚类；②链状硅酸盐亚类；③层状硅酸盐亚类；④架状硅酸盐亚类 （思政元素：同样是硅酸盐矿物，由于硅氧骨干结构的不同造成了硅酸盐矿物物理化学性质的显著差异。这就说明内部结构对外部功能具有决定性作用。小到一个班级、一个学校，大到一个政党、一个国家，只有加强其内部组织结构建设，才能拥有更强的外部力量，才能在与其他外部单位的竞争中立于不败之地。这也是中国共产党的党建工作始终把组织建设摆在首位的原因） 实验 9，硅酸盐矿物手标本鉴定	讲授法 讨论法 实例分析	4	2
17	其他含氧盐矿物	碳酸盐类、硫酸盐类、磷酸盐、钨酸盐、硼酸盐类 常见矿物（掌握）	讲授法	2	0
18	卤化物矿物	卤化物大类矿物特征（理解） 常见矿物（掌握） （思政元素：给大家展示不同颜色的石盐矿物图片，虽然它们外表颜色不同，但其他性质如硬度、可溶性、光泽等物理性质却相同。教育大家不能固化思维，认为石盐就是无色的） 实验 10，其他含氧盐与卤化物矿物手标本鉴定	演示法 讨论法 讲授法	2	2

10.3　课程思政教学设计样例

"结晶学与矿物学"课程思政教学设计样例如表 3.10.3 所示。

表 3.10.3　"结晶学与矿物学"课程思政教学设计方案

课程名称	结晶学与矿物学	总课时	42 课时	课程类型	专业必修课
授课对象	资源勘查工程专业大二年级学生			教师	金超、刘浪涛
授课章节	卤化物矿物	时长	45 分钟	授课方式	线下

(续表)

课程教材	赵珊茸. 结晶学及矿物学 [M]. 3版. 北京：高等教育出版社，2017.
学习资源	中国大学 MOOC：https://www.icourse163.org/course/CUG-1001902005 中国大学 MOOC：https://www.icourse163.org/course/NEU-1002713009

1 育人知识点

(1) 给学生展示不同颜色的石盐矿物图片，虽然它们外表颜色不同，但其他性质如硬度、可溶性、光泽等物理性质却相同。教育学生们不能固化思维，认为石盐就是无色的。

(2) 结合实验演示，通过引导学生思考同样都是无色透明矿物，有的溶于水，有的不溶于水的原因，教育学生要透过现象看本质。虽然都是无色透明的，但石盐是离子型矿物，而石英是共价键矿物。

2 课程思政教学方法与设计

2.1 课程思政教学方法

(1) 课堂实验演示：实验演示三种无色透明矿物（石盐、石英、方解石）分别遇水是否溶解的现象。演示现象明显，生动直观，增强学生的理解和记忆。

(2) 启发式教学：针对第一步的实验结果进行提问——为什么同样都是无色透明矿物，有的溶于水，有的不溶于水？再进行第二步实验，探究同样都是无色透明的离子型矿物，为什么石盐溶于水，方解石不溶于水？启发学生一步步进行思考，鼓励学生分组讨论，让学生代表讲述讨论结果，最后进行归纳总结。

2.2 课程思政元素融入设计

(1) 给学生展示不同颜色的石盐矿物图片，虽然它们外表颜色不同，但其他性质如硬度、可溶性、光泽等物理性质却相同。教育学生们不能固化思维，认为石盐就是无色的。

(2) 分两步实验演示三种无色透明矿物（石盐、石英、方解石）是否遇水溶解。

第一步：石盐、石英遇水是否溶解的实验。

结果：石盐溶解，石英不溶解。

原理：虽然都是无色透明矿物，但石盐是离子型矿物，而石英是共价键矿物，大多数离子型矿物溶于水而大多数共价键矿物不溶于水。

思政元素：教育学生要透过现象看本质，矿物的物理性质是由化学成分和内部结构决定的。

第二步：石盐、方解石遇水是否溶解的实验。

结果：石盐溶解，方解石不溶解。

原理：虽然都是无色透明矿物，并且都是离子型矿物，但方解石没有溶解，是因为方解石的溶解度低。

思政元素：有了第一步的实验结果，大家很容易认为方解石不溶于水可能因为其是共价键矿物，没想到方解石也是离子型矿物。培养学生追求真理、崇尚创新、尊重实践、弘扬理性的科学精神。

(3) 方解石和石英都是无色透明矿物，都不溶于水，那么如何区分呢？

引导大家思考、讨论，最终用学生集体智慧的"结晶"，钢刀刻划硬度和锤子敲击观察解理的方法得出：方解石硬度小于小刀，有三组解理；石英硬度大于小刀，无解理。

思政元素：引导学生厚植开拓创新的地质品行，培养学生多维时空观等特有的地质思维。

11 "勘查地球物理"课程思政教学案例[*]

11.1 课程简介

"勘查地球物理"是资源勘查工程专业一门重要的专业核心课。本课程的讲授，使学生了解勘探地球物理的含义，重点掌握重力勘探、磁法勘探、电法勘探、地震勘探四种方法的基本原理、应用领域以及应用条件，结合典型地球物理勘探案例，理解并掌握各种方法的应用特点。针对矿产勘查、找矿预测、地质灾害预报、工程物探等方法中的问题，让学生能够提出有效的设计方案，并应用合理的勘探方法进行数据采集和处理，通过结合地质、钻井等其他资料，具备综合解译不同的地球物理数据的技能，进而具备解决实际问题的能力。课程与培养目标中育人指标点的支撑关系见表 3.11.1。

表 3.11.1 "勘查地球物理"课程与培养目标中育人指标点的支撑关系

序号	育人要求指标点	指标点内容
1	天下意识	引导学生树立献身地质事业、肩负民族复兴重任、谋求世界大同的崇高理想
2	家国情怀	激发学生的专业自豪感、地质报国的家国情怀和担当意识
3	地质品质	教育引导学生深刻理解"三光荣"等地质精神的思想精华和时代价值

11.2 课程思政总体设计和教学实施思路

通过"勘查地球物理"课程的学习，学生了解地球物理勘探在我国国家建设、社会发展等方面发挥的重要作用；对比国内外现状，介绍我国在世界科研领域的领先地位，增强民族自信心与自豪感，激发学生投身地质研究的家国情怀。结合主讲教师自身经历，

---

* 东北大学资源与土木工程学院，侯振隆。

向学生讲授著名地球物理学家黄大年教授带领团队开展深部探测装备研发的科研报国事迹，同时介绍我国以李四光、喻德渊等为代表的老一辈地质学家、地球物理学家的科研故事，激发学生的爱国情怀和报国之心。课程的知识单元体系及相应思政教学点如表 3.11.2 所示。

表 3.11.2 "勘查地球物理"课程的知识单元体系及相应思政教学点

序号	知识单元	知识点（含育人知识点）	教学手段	课内学时	课外学时
1	绪论	物探的定义，物探方法的分类，物探方法在地质勘探中的应用；让学生了解地球物理勘探在我国国家建设、社会发展等方面发挥的重要作用，了解地球物理勘探对于人类认识地球、改造地球的意义	理论讲授 课外自学	2	2
2	重力勘探 1	重力勘探的基本概念和理论基础，岩矿石密度、重力仪及重力勘探工作方法	理论讲授 课外自学	3	2
3	重力勘探 2	重力资料的整理与图示，重力资料的处理与解释	理论讲授 课外自学 上机实验	5	2
4	重力勘探 3	重力勘探的应用举例；结合主讲教师自身经历，向学生讲授著名地球物理学家黄大年教授带领团队开展深部探测装备研发的科研报国事迹，激发学生的报国之心	理论讲授 课外自学 课堂测验	3	2
5	磁法勘探 1	磁法勘探的基本概念和理论基础，磁力仪及磁测工作方法	理论讲授 课外自学	3	2
6	磁法勘探 2	磁性体的磁场，磁异常的推断解释	理论讲授 课外自学 上机实验	5	2
7	磁法勘探 3	磁法勘探的应用举例；为学生继续宣讲黄大年教授"地质宫不灭的灯火"等事迹，鼓励学生投身我国地勘行业	理论讲授 课外自学 课堂测验	3	2
8	电法勘探 4	电阻率法，充电法与自然电场法	理论讲授 课外自学	3	2
9	电法勘探 1	激发极化法，电磁法，瞬变电磁法；在讲授不同物探方法之余，向学生介绍我国当前所处的国际环境与面临的竞争、挑战，结合我国矿产资源的供需现状与个别国家对我国的资源封锁情况，教育学生努力学好勘探本领，提高我国战略性资源自给能力	理论讲授 课外自学 上机实验	5	2
10	电法勘探 2	大地电磁测深法，可控源音频大地电磁法	理论讲授 课外自学 课堂测验	3	2

（续表）

序号	知识单元	知识点（含育人知识点）	教学手段	课内学时	课外学时
11	地震勘探1	地震勘探的含义、研究对象、应用介绍	理论讲授 课外自学	3	2
12	地震勘探2	地震波的类型、特点及相互之间的区别；介绍唐山地震、汶川地震给国家和人民带来的危害，同时介绍党和国家投入大量的人力、物力抢险救灾，体现了祖国的强大，激发学生爱国情怀	理论讲授 课外自学 上机实验	3	2
13	地震勘探3	地震波的反射、透射和折射，地震波理论时距曲线	理论讲授 课外自学 课堂测验	5	2
14	综合地球物理勘探	综合地球物理勘探方法在找矿中的应用举例；介绍我国李四光、喻德渊等老一辈地质学家、地球物理学家的科研事迹，培养学生的家国情怀	理论讲授 课外自学	2	2

11.3 课程思政教学设计样例

"勘查地球物理"课程思政教学设计样例如表3.11.3所示。

表 3.11.3 "勘查地球物理"课程思政教学设计方案

课程名称	勘查地球物理	总课时	48课时	课程类型	专业必修课
授课对象	资源勘查工程专业大三年级学生			教师	侯振隆
授课章节	重力勘探3	时长	45分钟	授课方式	线下
课程教材	刘天佑. 地球物理勘探概论 [M]. 北京：地质出版社，2007.				
学习资源	中国知网：https://www.cnki.net 地质云：https://geocloud.cgs.gov.cn				

1 育人知识点
(1) 讲解重力勘探应用实例，培养学生的地质思维，引导学生深刻理解地质与地球物理的物质观、时空观。
(2) 讲述著名地球物理学家黄大年教授带领团队开展深部探测装备研发的科研报国事迹，培养学生无私奉献、奋发有为的地质品质，激发学生地质报国的家国情怀。

2 课程思政教学方法与设计
2.1 课程思政教学方法
(1) 课堂思政报告式教学：结合主讲教师亲身经历，向学生讲授著名地球物理学家黄大年教授的科研报国事迹，以教师为主导，激发学生的爱国热情。
(2) 话题讨论式教学：根据具体案例设置讨论话题，引导学生围绕已掌握的知识进行分析、解决问题，鼓励师生之间、同学之间进行思维碰撞。

（续表）

2.2 课程思政元素融入设计
(1) 介绍著名爱国科学家黄大年教授放弃国外优渥的生活条件，毅然投身国家建设，带领科研团队开展科研攻关，研发了一批具有国际领先水平的深部地球物理探测装备的事迹，激发学生对科学家的敬仰和对专业发展的憧憬，特别是培养学生从科学家身上学习家国情怀与无私奉献的精神。
(2) 介绍重力勘探在石油天然气勘查、构造填图、固体矿产勘查，以及工程与考古中的应用，引导学生思考重力勘探在深部找矿中的应用条件和适用范围，启发学生地质与地球物理相结合的学科交叉思维，培养学生在地质工作中追求真理、崇尚创新的科学精神。

12 "矿产勘查理论与方法"课程思政教学案例*

12.1 课程简介

"矿产勘查理论与方法"课程是资源勘查工程专业大三年级学生的专业主干课。本课程要求学生掌握矿产勘查基本理论和方法、成矿规律总结与找矿预测、矿床勘探与储量估算等；运用矿产勘查基本原理和技术手段，分析解决复杂工程问题，并能从事开发评价、经营管理等工作；培养具有高尚职业情操的地质找矿新工科人才，服务国家找矿突破战略行动，保障国家矿产资源安全。课程与培养目标中育人指标点的支撑关系见表3.12.1。

表 3.12.1 "矿产勘查理论与方法"课程与培养目标中育人指标点的支撑关系

序号	育人要求指标点	指标点内容
1	天下意识	R2.2 引导学生树立"人与自然生命共同体"的价值观，增强服务美丽中国、宜居地球的使命意识
2	家国情怀	R3.2 引导学生了解地质史与社会发展的历史关系，客观认识当代国家需求和资源勘查工程专业责任，激发学生的专业自豪感和地质报国使命感
3	地质品质	R8.2 培育学生胸怀宽广、无私奉献、艰苦奋斗、开拓创新、奋发有为的地质品质
4	地质思维	R9.2 厚植地质先行、人与自然和谐共处的绿色发展理念

12.2 课程思政总体设计和教学实施思路

以多元化的教学方法将思政元素融入课堂教学，通过"两个结合、五条路径"深入挖

---

* 中国地质大学（武汉）资源学院，谭俊、付乐兵、张晓军、刘文浩、李艳军、石文杰、魏启荣、魏俊浩、李建威。

掘课程思政元素,拓宽课程维度。采用"线上+线下"的方式,以教师为主导,以学生为主体,充分利用线上互联网资源,快速了解思政信息;充分运用线下课堂教学主方法,开展思政教育活动,激发学生的思想碰撞。从两种方式的结合出发,通过历史发展、名人故事、地质思维、实际操作、时事热点五条路径推动课程思政教学。采用情景教学法,例如观看地质类纪录片等,让学生了解地质专业发展历史,帮助学生梳理地质历史脉络,引导学生树立坚定的理想信念,增强对地质专业的情感认同和价值认同,树立"找矿报国"的远大目标。采用故事叙述法,介绍地质行业重大案例以及优秀地质工作者们的创新精神和卓越贡献,学习"三光荣"精神,培养学生地质品质。采用直观案例教学法,引入成功的绿色勘查案例,让学生深入理解绿色勘查的实际意义和应用,贯彻人与自然和谐共处的发展理念。同时采用"专业学习和思政育人的双目标"与"学习成绩考核和思想政治考核双考核"展开课程思政教育。课程的知识单元体系及相应思政教学点如表 3.12.2 所示。

表 3.12.2 "矿产勘查理论与方法"课程的知识单元体系及相应思政教学点

序号	知识单元	知识点(含育人知识点)	教学手段	课内学时	课外学时
1	绪论	掌握矿产勘查基本概念;掌握矿产勘查的重要性;掌握学科变迁与发展趋势;掌握课程要求	课堂讲授 自主学习	2	0
2	矿产勘查特征、理论基础与准则	了解矿产勘查的基本特征;掌握矿产勘查的地质基础、数学基础、技术基础和经济基础;掌握矿产勘查的最优化准则	课堂讲授 自主学习	2	0
3	矿产勘查阶段与可行性评价	掌握勘查阶段和勘探周期的含义、区别与联系;掌握勘查阶段划分、不同勘查阶段研究的主要内容;掌握可行性评价的概念和内容	课堂讲授 自主学习	2	0
4	成矿预测与科学找矿	掌握成矿预测的概念、分类、程序;掌握成矿预测的基本理论和准则;掌握成矿预测方法的分类;掌握科学找矿的概念和内容	课堂讲授 自主学习	2	0
5	控矿因素与找矿标志	掌握板块构造成矿分析的要点;掌握岩浆岩控矿因素分析的要点;掌握地层、岩相、古地理因素分析的要点;掌握地球化学、变质、人为控矿因素分析的要点;找矿标志的理解和运用	课堂讲授 自主学习 课后作业	8	2
6	成矿规律研究	掌握成矿规律的概念;掌握矿床的时间分布规律;掌握矿床的空间分布规律;掌握矿床共生规律	课堂讲授 自主学习 课后作业	4	10
7	找矿技术方法与找矿模型	掌握找矿技术方法的概念及分类;掌握五类找矿技术方法的概念及应用;掌握矿化信息提取的概念及分类;掌握找矿技术方法的综合应用;掌握找矿模型的概念、内容及分类	课堂讲授 自主学习	4	0

（续表）

序号	知识单元	知识点（含育人知识点）	教学手段	课内学时	课外学时
8	信息合成与靶区优选	掌握数据模型的概念、种类及选择；掌握信息合成的概念及信息合成结果；掌握信息合成的基本步骤；掌握找矿靶区优选的概念及原则；掌握影响找矿靶区优选的因素	课堂讲授 自主学习	2	0
9	矿体变异与勘查类型	掌握矿体变异的主要内容；掌握矿床勘查类型划分的主要依据和方法	课堂讲授 自主学习	2	0
10	勘查精度与勘查程度	掌握勘查精度的概念和影响因素、勘查误差的概念和分类；掌握勘查程度的概念，确定合理勘查程度	课堂讲授 自主学习	2	0
11	矿产取样与质量评定	掌握矿体研究的主要手段，熟悉样品加工的流程；掌握化学取样的方法、影响因素，化学分析的类型、目的；掌握岩矿鉴定取样、加工技术取样、开采技术取样、地球物理取样的方法、作用、精度等相关内容	课堂讲授 自主学习 课后作业	4	2
12	矿体构形与勘查设计	掌握矿体构形的概念及研究内容；掌握矿床勘查的基本思路、勘查工程的总体布置方式、勘查工程间距的确定；掌握常用矿床勘查工程技术手段的类型及其应用条件；掌握勘查设计剖面图的编制和单项勘查工程的设计；掌握勘查工程的原始和综合地质编录，尤其是勘查剖面图件和纵投影的编制	课堂讲授 自主学习 课后作业	8	8
13	储量估算与比较评价	掌握最新矿产储量分类的依据和新标准下的具体分类；掌握矿床工业指标的概念，并能够熟练运用常用指标；掌握矿体圈定的原则和方法，能够运用规范圈定矿体；掌握几何学方法储量估算的原理、方法和具体估算过程；熟悉矿产储量分级、分类标准的历史演化，以及新、老规范中的储量类别之间的转换关系；了解地质统计学方法和SD储量计算法的原理和流程；了解矿床工业指标确定的方法；了解矿床储量误差评价的方法	课堂讲授 自主学习 课后作业	4	10
14	机动 矿产勘查前沿	了解成矿理论最新认识；了解短波红外光谱技术在矿产勘查中的应用；掌握一些常见的矿物地球化学勘探指针；了解高新技术在矿产勘查技术方法中的应用	课堂讲授 自主学习	2	0

12.3 课程思政教学设计样例

"矿产勘查理论与方法"课程思政教学设计样例如表 3.12.3 所示。

表 3.12.3　"矿产勘查理论与方法"课程思政教学设计方案

课程名称	矿产勘查理论与方法	总课时	48 课时	课程类型	专业主干课
授课对象	资源勘查工程专业大三年级学生			教师	谭俊、付乐兵
授课章节	绪论	时长	90 分钟	授课方式	讲授、讨论
课程教材	赵鹏大，魏俊浩. 矿产勘查理论与方法 [M]. 武汉：中国地质大学出版社，2019.				
学习资源	爱课程: http://www.icourses.cn/sCourse/course_2256.html				

1　育人知识点

(1) 结合绪论知识内容，让学生了解矿产勘查的概念、工作流程和所需知识储备，重点让学生理解矿产资源供应链与社会经济发展、国家安全的紧密关系。
(2) 培养学生高尚的家国情怀和勇攀高峰的科学精神，厚植绿色发展理念。

2　课程思政教学方法与设计

2.1　课堂组织与实施

　　本部分内容的教学组织与实施主要包括以下环节：课前准备—教学导入（知识点，难点和重点）—互动教学（课堂讨论）—归纳总结与课后延展（思考题）—结果评价及反馈（面对面、网络沟通等）—下次课程预告。

(1) 课前准备：课前一周通过 QQ 群通知的方式，告知学生本门课程所需的教材和学具，重点是教材后的实习指导书和实习所需的各类文具。同时，通知学生第一次课堂——绪论的主要学习目标、内容和应该重点注意的问题。
(2) 教学导入：以砂金矿找矿方向为切入点，引导学生将前期学习的普通地质学知识和找矿勘查联系起来，提高学生学习兴趣，同时介绍课程资源、参考书目、参考规范和课程要求。

2.2　课程思政教学方法

(1) 互动式教学：以学生为主体，以老师为主导，化被动为主动，开展多样式互动教学，充分调动学生学习积极性，增强学生的课堂参与感。
(2) 案例分析法教学：通过统计数据、真实案例研究来调动学生的好奇心和对学科前沿知识的渴望，培养学生高尚的家国情怀和勇攀高峰的科学精神。
(3) 启发式教学：通过布置课堂或者课后作业，引导学生进行思考，培养学生分析、解决问题的能力，激发学生创造热情。

2.3　课程思政元素融入设计

(1) 重点讲授矿产勘查的基本概念，在此过程中以案例的形式引入找矿阶段的地质填图、物探、化探、遥感、成矿预测等工作环节和勘探阶段的不同类型勘查工程验证手段，生动直观地让学生对勘查工作流程有基本认识，了解做好勘查工作所需要的知识储备，并同时引入绿色勘查和开发的思想。
(2) 以我国矿产勘查学科的起步为基础，介绍中国地质大学（武汉）矿产普查与勘探专业、矿产勘查理论与方法课程的沿革历史，增强学生的专业自信。同时，重点介绍专业奠基人赵鹏大院士的主要工作和人生轨迹，结合何继善院士发明"高精尖"物探仪器的实例，引导同学们积极投身科学研究、科学报国。
(3) 矿产勘查工作位于矿产资源供应链的前端，与末端的社会经济发展、国家安全紧密关联，而这二者在同学们的认知中应该是很难联系起来的。因此，需要将矿产勘查与开发、矿产供应与经济发展、矿产供应与国家安全等知识点传授给学生，让学生意识到矿产勘查不是可有可无的工作，这不仅可以增强学生的学习兴趣、专业自豪感，也能培养学生的爱国情怀。
(4) 基于全球矿产勘查投入的变化，引导学生注意全球的勘查热点是铜、金和关键金属矿产，以提升同学们的全球视野，并进一步强调全球勘查工作中必须重视的环保理念，厚植人与自然和谐共处的绿色发展理念。

2.4　归纳总结与课后延展

　　课程的主要特点：综合性强、实践性强、涉及知识面广，提炼出课程学习的核心目标，即知晓矿在哪里，矿怎么找，矿的价值，以及矿能开采吗。最后，引导学生课后思考矿产勘查的概念，并督促学生着手查阅资料，了解矿产勘查的发展趋势。

2.5　结果评价、反馈与下次课程预告

　　下课前留出 5 分钟左右时间来听取学生对课程学习的意见、建议和想法，并预告下一堂课的学习内容。

13 "矿床学"课程思政教学案例*

13.1 课程简介

"矿床学"课程是地质学专业、资源勘查工程专业的主干专业课程。授课计划针对资源勘查工程及地质学专业四年制本科教学，课内学时为 36 学时。本课程要求学生掌握矿床学的基本概念、基础理论和成矿作用的基础知识，分析各种成因类型矿床的地质特征、控矿因素、成矿作用及时空分布规律，并通过 20 学时的实习课程，对图件、标本、光及薄片的观察，掌握矿床学的研究内容和工作方法。另外结合课前提问、课后思考、小组讨论交流及实习报告等方式，引导和培养学生发现、分析和解决矿床学问题的能力。课程与培养目标中育人指标点的支撑关系见表 3.13.1。

表 3.13.1 "矿床学"课程与培养目标中育人指标点的支撑关系

序号	育人要求指标点	指标点内容
1	设计/开发解决方案	3-1 具有从事地质矿产调研、矿产资源勘查评价与开发的实践技能，能够针对资源勘查中具体的复杂工程问题，提出合理的解决方案
2	研究	4-2 基于专业理论，针对资源勘查复杂问题，能够选择研究路线，设计实验方案

13.2 课程思政总体设计和教学实施思路

矿床学是专门研究矿产资源形成和分布规律的学科。立足立德树人根本任务和面向国家矿产资源重大需求，本课程思政教学以价值引领和精神塑造为核心，以立德树人、以德为先、德才兼备为目标，为国育才，为党育人。教学思路总体设计课程思政元素与学科知识的有机融合，在教学过程中全面融入政治素养、哲学思维、道德修养和社会责

---

* 长安大学地球科学与资源学院，雷如雄。

任等方面的课程思政元素,积极响应习近平总书记和党中央提出的"生态文明建设"和"绿水青山就是金山银山"等新时代理念,融合紧密面向国家、社会和人民需求的课程思政元素,围绕人类、资源和环境的辩证统一关系的课程思政元素,学习精益求精科学精神的课程思政元素,发扬功勋矿山和科技报国的课程思政元素,引入国之重器和地学大师家国情怀的课程思政元素,关心国内外时政和战略资源形势的课程思政元素,引导深化职业理想和职业道德等课程思政元素。提高学生奋发进取的自主学习热情,培养学生爱国敬业精神和刻苦钻研的科学精神,激发学生服务国家、科技报国的家国情怀和使命担当。教学方法注重理论联系实际,采用启发式、案例式、发现式、讨论式等多元化的教学方法,使专业知识和思政元素同向同行,形成合力,以期达到在"引人入胜中潜移默化,于无声处恍然大悟"的教学效果,激发学生的思想和情感体验,实现对学生的价值塑造。此外,在课程评价体系中增加价值引领的考核指标,全面落实能力提升,实现育德育人。课程的知识单元体系及相应思政教学点如表 3.13.2 所示。

表 3.13.2　"矿床学"课程的知识单元体系及相应思政教学点

序号	知识单元	知识点(含育人知识点)	教学手段	课内学时	课外学时
1	绪论	掌握矿产资源的概念、分类及意义,矿床学研究的内容与研究方法等;了解资源对国家经济建设的重要性	课堂讲授 自主学习	2	2
2	有关矿床基本概念	掌握关于矿石、矿体与矿床的相关概念;了解矿产与国家需求的密切关联、与国家经济发展的密切联系	课堂讲授 自主学习 课后作业	2	2
3	成矿作用与矿床成因分类	掌握成矿作用的方式、分类及矿床成因分类,以及分类背后的科学精神	课堂讲授 自主学习	2	2
4	岩浆矿床概论	掌握岩浆矿床的概论,包括概念、特征及成矿作用	课堂讲授 自主学习	2	2
5	岩浆结晶分异矿床和岩浆熔离矿床	了解岩浆结晶分异矿床和岩浆熔离矿床的特征和实例;了解金川功勋矿山和地学大师科技报国精神	课堂讲授 自主学习 课后作业	2	2
6	伟晶岩矿床	掌握伟晶岩矿床的概念、特征及成矿作用、矿床实例,了解可可托海伟晶岩功勋矿	课堂讲授 自主学习 课后作业	2	2
7	接触交代(矽卡岩)矿床	掌握矽卡岩型矿床的概念、特征及成矿作用、矿床实例;了解我国紧缺资源现状和我国原创的"成矿系列"理论	课堂讲授 自主学习 课后作业	2	2

(续表)

序号	知识单元	知识点（含育人知识点）	教学手段	课内学时	课外学时
8	热液矿床	了解热液矿床的概论，包括概念、特征、分类及成矿作用方式、围岩蚀变等；掌握岩浆热液矿床特征和非岩浆热液矿床特征；了解华南功勋矿山和地学大师科技报国精神	课堂讲授 自主学习 课后作业	4	4
9	火山成因矿床	了解火山成因矿床的概论等；掌握斑岩型铜矿床基本特征；了解大型斑岩铜矿对世界经济的影响；了解玢岩型铁矿及块状硫化物矿床特征；了解我国紧缺资源现状	课堂讲授 自主学习 课后作业	6	4
10	风化矿床	了解风化矿床的概念、特征及成矿作用、矿床成因分类及原生矿床的次生变化，培养学生科学精神	课堂讲授 自主学习	2	2
11	沉积矿床	掌握沉积矿床的概论，包括概念、特征、分类及沉积分异作用等；了解机械沉积矿床及胶体化学沉积和蒸发化学沉积矿床特征；了解紧缺战略矿产	课堂讲授 自主学习 课后作业	4	2
12	生物化学能源矿床	了解生物化学能源矿床中煤、石油和天然气的相关概念及成因，能源是经济发展命脉	课堂讲授 自主学习	2	2
13	变质矿床	了解变质矿床的概念、特征、分类及矿床实例；了解我国特色矿产和矿床学家科技报国精神	课堂讲授 自主学习 课后作业	2	2
14	区域成矿规律	了解区域成矿研究内容及相关概念，针对我国资源特点，重视综合研究与综合开发，培养学生找矿报国精神	课堂讲授 自主学习	2	2

13.3 课程思政教学设计样例

"矿床学"课程思政教学设计样例如表3.13.3所示。

表3.13.3 "矿床学"课程思政教学设计方案

课程名称	矿床学	总课时	36课时	课程类型	专业必修课
授课对象	地质学、资源勘查工程专业大四年级学生			教师	雷如雄
授课章节	接触交代（矽卡岩）矿床	时长	45分钟	授课方式	线下
课程教材	翟裕生，姚书振，蔡克勤. 矿床学 [M]. 北京：地质出版社，2011.				
学习资源	薛春纪. 基础矿床学 [M]. 北京：地质出版社，2007. Ridley J. Ore Deposit Geology [M]. Cambridge: Cambridge University Press, 2013. 中国知网：https: //www. cnki. net				

(续表)

1 育人知识点
(1) 介绍我国的矿产资源现状和供需关系,尤其是在当前部分矿产品价格大涨情况下,我国急缺的铁、铜等大宗矿产资源面临的严峻风险,激发学生为保障我国战略矿产资源安全努力奋斗和科技报国的使命担当。
(2) 介绍我国矽卡岩型功勋矿山重大贡献案例,例如我国拥有世界规模最大的矽卡岩钨矿等资源,激起同学们对祖国的热爱和对资源研究探索的强烈愿望。介绍我国知名矿床学家和矿床学高水平科研成果,培养学生爱国、创新、求实、奉献的科学精神。

2 课程思政教学方法与设计
2.1 课程思政教学方法
(1) 以教师为主体,开展案例式教学。在理论课程的讲授过程中引入国家发展战略的方向和需求,让学生明确国家在某种资源方面的现状,激发学生的时代感与责任感。借助网络资源与学生分享本学科的前沿研究案例,扩大学生的视野、认知和知识面,为培养全面的现代化优秀人才而努力。
(2) 以学生为根本,反转课堂互动教学。尝试反转课堂的角色互换,锻炼学生收集素材的能力,了解学生对知识的掌握情况,并提高学生的组织和表达能力。同时,让学生体会到知识传播的辛苦与付出后被欣赏和认可的喜悦,增强学生学习的积极性和主动性。
(3) 注重实习实践育人,促进团队协作能力。以小组为单位开展代表性矿床实习,培养学生的团队协作意识与领导能力,以及加强团队间的交流与责任感。同时,培养学生发现问题和解决问题的能力,这对于提升学生的理论知识和综合素质都有促进作用。

2.2 课程思政教学设计
(1) 紧密面向国家和社会重大需求,让学生了解我国的资源现状和供需关系,尤其是我国急缺的铁、铜等战略矿产资源面临的严峻风险,激励学生为保障我国战略矿产资源安全努力奋斗。同时,引导学生思考我国在"一带一路"倡议方面的策略,并提出他们的认识,以此提升学生对专业的认可度和扩大学生专业视野。
(2) 在矿床学实践教学活动中,选择以教师的实习和工作经历、功勋矿床的矿床案例和著名矿床学家的矿产勘查实践事迹三方面为路径,融入课程思政内容。在矽卡岩矿床部分内容的实践教学环节中,教师借助在新疆和湖北等典型矽卡岩矿床野外调查中的工作实际,除了教育学生发扬艰苦朴素、敢于拼搏的精神外,也引导学生体会野外工作中苦中有乐,建立乐观开朗的工作态度。针对具体的实践标本等,讲述其蕴含的宝贵资源和地球演化信息,激发学生探索自然的科学兴趣。
(3) 向学生介绍知名矿床学家、地质学前辈们在艰苦的环境下所取得的傲人成就和他们的家国情怀,促使学生崇尚科学、以科技报国。学习地质学前辈们矢志不渝的爱国情怀,坚持真理的科学品格,强烈执着的创新意识,诲人不倦的师表风范,严谨求实的工作作风。培养学生的荣誉感、归属感和使命感。

14 "矿床学"课程思政教学案例

14.1 课程简介

"矿床学"是资源勘查工程专业的专业必修课,于大学四年制本科第 5 学期开设。本课程要求学生掌握矿床学的基本理论及各类矿床的基本特征、形成条件、控制因素、分布规律、形成机理;熟悉矿床研究的主要环节和掌握矿床研究的基本技能;培养与矿床研究有关的创新能力,以及进行野外考察、素材采集、初步分析和综合研究的能力;培养自主学习与终身学习的意识和团队合作意识,形成不断学习和适应发展的素质;培养从事矿床勘查及科研的意愿和服务于国家经济建设和保障国家资源安全的情怀,为后续从事矿产地质领域工作奠定基础。课程与培养目标中育人指标点的支撑关系见表 3.14.1。

表 3.14.1 "矿床学"课程与培养目标中育人指标点的支撑关系

序号	育人要求指标点	指标点内容
1	家国情怀	R3.2 认识资源勘查工程专业在国民经济发展中的历史贡献、基础地位和时代责任,增强专业自豪感、地质报国的家国情怀和担当意识
2	科学精神	R4.1 培养资源勘查工作中追求真理、崇尚创新、尊重实践、弘扬理性的科学精神
3	地质思维	R9.1 理解地质的多尺度物质观和时空观,培养系统演化观、人地互馈观、多维时空观等特有的地质思维
4	学校精神	R10.1 理解学校的办学历史、办学定位和人才培养理念,增强对学校精神的情感认同和价值认同

14.2 课程思政总体设计和教学实施思路

根据矿床学"上层建筑"的学科特点和教学内容,将我国在矿床学所取得的巨大成

---

* 中南大学地球科学与信息物理学院,邵拥军。

就、新时代面临的资源安全问题、学校办学的学术沉淀等思政元素融入课堂，引导学生在学习理论知识的同时，在家国情怀、科学精神、地质思维、学校精神等方面接受深刻的洗礼，实现对学生的价值塑造。针对家国情怀培养，在绪论和变质矿床等章节中介绍关键矿产研究态势及国家资源安全观，引导学生服务于国家经济建设和保障国家资源安全。针对科学精神培养，在岩浆矿床、接触交代矿床等章节中介绍汤中立、常印佛等老一辈科学家扎根基层、锐意创新，实现国家紧缺镍、铜资源的找矿突破，推动国家工业化进程的事迹。针对新时代国家面临的资源安全形势、破解关键资源瓶颈方面，在火山成因矿床及沉积矿床章节介绍青藏高原铜矿和贵州锰矿等理论创新及勘查突破，其有效降低了国家关键矿产的对外依存度。针对学校精神的情感认同、价值认同及传承方面，在层控矿床章节中介绍学校办学以来在矿床学取得的理论成果及杰出教授的贡献。针对地质思维传授，在成矿作用总论、接触交代矿床、热液矿床、风化矿床等章节中，介绍矿床研究中系统、辩证等思维的综合运用。课程的知识单元体系及相应思政教学点如表3.14.2所示。

表3.14.2 "矿床学"课程的知识单元体系及相应思政教学点

序号	知识单元	知识点（含育人知识点）	教学手段	课内学时	课外学时
1	矿床学绪论	矿产及矿床的基本概念、矿产的分类；矿床学及其研究对象、研究方法；矿床学课程的要求。介绍关键矿产研究态势及国家资源安全观	课堂讲授 自主学习	2	2
2	有关矿床的基本概念	同生矿床和后生矿床的基本概念；矿体的形状和产状的概念、分类及意义；围岩和母岩、矿石和脉石、矿石的结构和构造、矿石的品位和品级等概念；决定矿床工作价值的因素及矿床成因类型、工业类型的基本概念和分类	课堂讲授 自主学习	4	2
3	成矿作用总论	成矿作用的概念及分类；成矿作用的基本条件；地球圈层构造与成矿作用的关系及元素的分布；元素的克拉克值和浓度系数等概念；成矿作用方式的分类和含义；矿床的成因分类。介绍地质多尺度物质观和时空观等在理解成矿作用中的运用	课堂讲授 自主学习	4	2
4	岩浆矿床	岩浆矿床的概念、特点和工业意义；岩浆矿床形成的地质条件；岩浆矿床的形成作用和矿床分类；各类岩浆矿床的概念、形成条件、形成方式及主要特征。介绍汤中立院士对铜镍硫化物矿床理论创新及勘查的突出贡献	课堂讲授 自主学习 实验教学	6	4

（续表）

序号	知识单元	知识点（含育人知识点）	教学手段	课内学时	课外学时
5	气水热液矿床概论	热液矿床的基本概念；热水溶液的来源；热水溶液流动的通道和原因；热水溶液的组分及成矿物质的来源；矿质在热水溶液中的搬运和沉淀；围岩蚀变的概念、意义和主要类型；气水热液矿床的矿化期、矿化阶段和矿物生成顺序	课堂讲授 自主学习	5	2
6	接触交代矿床（矽卡岩矿床）	接触交代矿床的概念和特点；接触交代矿床的形成条件；接触交代矿床的成矿作用和成矿过程；接触交代矿床的主要类型。介绍常印佛院士在层控矽卡岩型铜矿床上的理论创新及勘查突破事迹，介绍中南大学团队在铜陵凤凰山找矿团结协作及找矿突破实例	课堂讲授 自主学习 实验教学	7	4
7	热液矿床	热液矿床的概念、特点和工业意义；热液矿床的分类；岩浆气液矿床的成矿作用和形成的地质条件；岩浆气液矿床的主要类型及特征；非岩浆热液矿床（铅锌矿床、喷流-沉积矿床）的形成条件、成矿作用和主要特点。介绍源-运-储等系统性、辩证性思维在热液矿床研究中的运用	课堂讲授 自主学习 实验教学	10	6
8	火山成因矿床	火山成因矿床的概念、特点和主要类型；陆相次火山热液矿床——斑岩铜（钼）矿床的形成条件、地质特征和成因模式；玢岩铁矿的概念、矿化类型、主要特征和成因；块状硫化物矿床的概念及基本特征。介绍青藏高原斑岩-浅成低温热液型铜金矿床的发现及矿产资源的战略储备的意义	课堂讲授 自主学习 实验教学	8	4
9	风化矿床	风化矿床的概念、特点和工业意义；风化矿床的形成条件；风化矿床的成矿作用及矿床类型；金属硫化物矿床和氧化物矿床的表生变化及次生富集作用。介绍辩证性思维在风化矿床研究中的运用	课堂讲授 自主学习	3	2
10	沉积矿床	沉积矿床的概念和特点；沉积矿床的形成条件；沉积矿床的成矿作用和主要类型；胶体化学沉积矿床的概念、特点和形成条件；沉积铁矿床的成矿机理。介绍贵州沉积型锰矿床理论创新及勘查突破对国家锰资源的保障	课堂讲授 自主学习 实验教学	5	2
11	变质矿床	变质矿床的概念；变质矿床的特点；变质矿床的主要类型。介绍国家铁矿资源的保障及资源安全战略问题	课堂讲授 自主学习	2	2
12	层控矿床	层控矿床的概念和意义；层控矿床的特点；层控矿床的物质来源、成矿作用机理和模式。介绍层控矿床理论的历史与现实意义，介绍陈国达院士多因复成矿床的提出背景及内涵，介绍吴延之教授对层控矿床的研究事迹	课堂讲授 自主学习	4	2
13	成矿控制和成矿规律	成矿规律的概念；成矿控制因素；成矿系列的概念、成矿区域划分及成矿时代。介绍我国在区域成矿研究方面所取得的成就	课堂讲授 自主学习	2	2

14.3 课程思政教学设计样例

"矿床学"课程思政教学设计样例如表 3.14.3 所示。

表 3.14.3 "矿床学"课程思政教学设计方案

课程名称	矿床学	总课时	62 课时	课程类型	专业必修课
授课对象	资源勘查工程专业大三年级学生			教师	邵拥军
授课章节	接触交代矿床概念及形成条件	时长	45 分钟	授课方式	线下
课程教材	翟裕生,姚书振,蔡克勤. 矿床学 [M]. 北京:地质出版社,2011.				
学习资源	姚凤良,孙丰月. 矿床学教程 [M]. 北京:地质出版社,2006. Ridley J. Ore Deposit Geology [M]. Cambridge: Cambridge University Press, 2013. 中国知网:https://www.cnki.net				

1 育人知识点
(1) 讲解接触交代(矽卡岩)矿床的概念和意义,让学生了解矽卡岩富铜富铁矿曾在国家工业化进程中发挥的关键作用,激发学生服务国家经济建设和保障国家资源安全的情怀。
(2) 结合矽卡岩矿床成矿条件,讲述常印佛院士在层控矽卡岩型矿床创新性认识及长江中下游铁铜矿床找矿突破方面的事迹,培养学生的综合地质思维和创新科学精神,引导学生系统性和创新性地提出接触交代矿床的控制因素及勘查方向。

2 课程思政教学方法与设计
2.1 课程思政教学方法
(1) 讲授法。通过理论知识和实际案例讲授的方式,向学生传达内容所蕴含的思政意识和思维方法。
(2) 互动式教学。在教学中,以学生为主体,以教师为主导,注重课堂互动,充分调动学生的积极性,增强学生的情感体验。
(3) 案例式教学。通过案例引导学生运用知识去分析和解决实际问题,鼓励学生反思分析过程,提升学习效果。

2.2 课程思政元素融入设计
(1) 通过全球和我国矽卡岩矿床统计数据的分析,介绍接触交代型矿床矿种多、富矿占比高的特点。介绍我国工业化进程中矽卡岩型富铜富铁矿对经济建设的重要意义。引导学生关注矿产对国家经济建设的重要作用,培养地学报国、强国有我的远大志向。
(2) 展示中学熟知的个旧锡矿、大冶铁矿的地质图件,让学生分析矽卡岩型矿床的形成地质条件。渐进式引导学生掌握矽卡岩矿床的岩浆、构造、地层多种条件耦合控制特征,进而培养学生的系统性地质思维。
(3) 介绍长江中下游层控矽卡岩铜矿床的提出及勘查案例。我国著名地质学家常印佛院士扎根基层地质队,对长江中下游铁铜矿床控矿规律进行了深入研究,创新性提出地层矽卡岩矿床概念,指导和发现了长江中下游最大铜金矿床——冬瓜山铜金矿床,巩固了长江中下游成矿带在我国铜资源中的重要地位。通过案例激发学生在研究过程中开拓创新,为国家资源保障、安全保障作出积极的贡献。

15 "煤及煤层气地质学"课程思政教学案例*

15.1 课程简介

"煤及煤层气地质学"课程是资源勘查工程专业本科生大三年级上学期的专业必修课。本课程要求学生掌握煤及煤层气地质的基本理论和分析方法，特别是掌握成煤作用、煤盆地构造分析、聚煤规律、煤岩学基础、煤的变质作用、含煤沉积体系的聚煤特点、煤层气成因、煤层气储层孔渗特征、吸附解吸规律、储层压力以及煤层气资源评价方法，具备开展煤及煤系矿产勘探与开发地质方案的设计、资源预测与评价能力。课程与培养目标中育人指标点的支撑关系见表 3.15.1。

表 3.15.1 "煤及煤层气地质学"课程与培养目标中育人指标点的支撑关系

序号	育人要求指标点	指标点内容
1	法治意识	R6.2 了解资源勘查工程专业相关的法律法规，熟悉矿产资源开发和可持续发展等方面的政策、法规
2	地质思维	R7.2 厚植可持续发展、人与自然和谐共处的绿色发展理念
3	地质品质	R8.2 培育学生家国情怀、追求真理、艰苦奋斗、无私奉献的地质品质

15.2 课程思政总体设计和教学实施思路

采用启发式、案例式、讨论式等多种教学方法，通过中国大学 MOOC、腾讯课堂、云班课、雨课堂、优学院等线上线下相结合的模式将思政元素融入课堂教学，引导学生自主学习、思考和体验，介绍煤炭资源作为"黑色的金子""工业食粮"，燃烧自己、温暖世界、照亮地球，把大爱洒向人间的思政元素，培养学生的自然观、科学观、技术观及家国情怀、

---

* 河南理工大学资源环境学院，高迪、王娟。

国家能源安全、"双碳"目标等思政价值体系。采用行走课堂法，让学生走出课堂，从参观煤炭博物馆、西大井 1919 百年矿井红色教育基地入手，培养学生"特别能战斗""追求真理、无私奉献"的精神。利用多媒体辅助教学，将图片、文本、音频和视频等融为一体，"动""静"结合，提升学生的学习兴趣。采用案例教学法，介绍煤及煤层气如何推动社会进步、历史沿革，如何从一棵树变成"工业之母"，让学生在具体问题情境中积极思考，有助于学生将理论知识与实践分析融会贯通，培养学生思考问题的全局观，能够从科学、社会、政治和经济等多角度思考现代社会面临的重大议题，全面提高学生的科学和人文素养。课程的知识单元体系及相应思政教学点如表 3.15.2 所示。

表 3.15.2　"煤及煤层气地质学"课程的知识单元体系及相应思政教学点

序号	知识单元	知识点（含育人知识点）	教学手段	课内学时	课外学时
1	成煤原始物质与堆积环境	植物演化（了解）与成煤作用（掌握）、成煤植物堆积环境（熟悉）、泥炭沼泽的形成条件、方式及类型（掌握）；育人知识点：国家能源安全观	课堂讲授自主学习现场参观	2	2
2	泥炭化作用和腐泥化作用	泥炭化作用与腐泥化作用（掌握）、残植化作用（掌握）、煤的成因分类（了解）；育人知识点：科学观	课堂讲授自主学习课后作业	4	2
3	煤化作用	煤化作用阶段与特征（掌握）、煤化作用的因素（了解）及煤化作用指标（掌握）、煤的变质作用类型（了解）；育人知识点：创新意识，追求卓越的精神品质	课堂讲授自主学习课后作业	4	2
4	煤的岩石学组成及特征	宏观煤岩组成（掌握）、显微煤岩组成（掌握）、煤的物理性质（熟悉）、煤岩学的研究方法（掌握）；育人知识点：勇于探索、追求真理	课堂讲授自主学习实验操作	4	4
5	煤的化学组成和工艺性质	煤的化学组成及结构（掌握）、煤的工艺性质（熟悉）、煤的工业分类（掌握）及工业利用（了解）；育人知识点：煤炭的利用推动社会的进步，家国情怀	课堂讲授自主学习课后作业	2	2
6	含煤沉积体系和相	含煤沉积体系及煤层特征（熟悉）、含煤岩系及旋回特征（掌握）、煤层（掌握）；育人知识点：社会责任感和使命感	课堂讲授自主学习课后作业	2	2
7	聚煤盆地和聚煤规律	聚煤盆地（掌握）、中国聚煤规律（掌握）；育人知识点：多环节协同配合，高度的团队协作精神	课堂讲授自主学习课后作业	2	2
8	煤层气的成因	煤层气的化学组分与物理性质（熟悉）、煤层气的成因类型及判别方法（掌握）；育人知识点：国家"双碳"目标，厚植可持续发展、人与自然和谐共处的绿色发展理念	课堂讲授自主学习现场参观	2	2

(续表)

序号	知识单元	知识点（含育人知识点）	教学手段	课内学时	课外学时
9	煤层气储层孔、裂隙特征	煤层气储层基质孔隙类型及其特征（掌握）、煤层气储层裂隙类型及其特征（了解）；育人知识点：善于观察、勤于思考、积极探索的科学精神	课堂讲授 自主学习 课后作业	2	2
10	煤储层压力与吸附/解吸特征	储层压力定义、计算方法及其地质控制因素（熟悉）、吸附理论、吸附等温线的吸附实验及其分析（掌握）、煤储层解吸率、解吸量、吸附时间和解吸速率（掌握）；育人知识点：科技创新精神	课堂讲授 自主学习 实验操作	2	6
11	煤层气含量及地质控制	煤层气含气量的组成及测试方法（熟悉）、煤储层含气性控制因素及预测方法（掌握）；育人知识点：树立正确的国家观念和民族自豪感	课堂讲授 自主学习 课后作业	4	2
12	煤层气资源与选区评价	煤层气资源/储量的分级及计算方法（掌握）、煤层选区评价（熟悉）；育人知识点：矿产资源开发和可持续发展等方面的政策、法规	课堂讲授 自主学习 课后作业	2	4

15.3 课程思政教学设计样例

"煤及煤层气地质学"课程思政教学设计样例如表 3.15.3 所示。

表 3.15.3 "煤及煤层气地质学"课程思政教学设计方案

课程名称	煤及煤层气地质学	总课时	32 课时	课程类型	专业必修课
授课对象	资源勘查工程专业大三年级学生			教师	高迪、王娟
授课章节	成煤原始物质与堆积环境	时长	50 分钟	授课方式	线上线下结合
课程教材	李增学. 煤地质学 [M]. 2 版. 北京：地质出版社，2009.				
学习资源	山东科技大学：https://sdust.fy.chaoxing.com/portal/GdoocCourse?id=14909980				

1 育人知识点
(1) 以"煤的形成"为主线，从"煤的利用"到"成煤的必要条件"，以启发、提问、线上互动等方式，循序渐进引出教学内容，激发学生主动探索自然的兴趣，引导学生通过现象看到本质，培养学生分析和解决问题的能力。
(2) 结合成煤的必要条件，由自然现象——现代滨海泥炭，延伸到现代环境能否成煤的探讨，培养学生利用理论分析现象、总结规律的能力，体会知识的延展性。
(3) 学习和了解煤的"前世今生"、煤炭资源对我国能源安全的重要意义，树立国家安全观、激发学生为祖国资源勘探的专业使命感；了解煤炭在推动社会进步中的重要角色，厚植家国情怀。

2 课程思政教学方法与设计
2.1 课程思政教学方法
(1) 问题导入式教学：通过图片、视频等展示的实物和自然现象，引导学生提出问题，激发学生学习的主动性，注重课堂讨论和多种形式的互动，循序渐进地引出教学内容，即现象展示—引起兴趣—提出问题—激发思维—明确目的—进入学习。

(续表)

(2) 情景式与启发式教学：通过将参观煤炭博物馆与参观西大井1919百年矿井等情景相结合，对学生进行启发式设疑，使学生的注意、记忆和思维集中，将课堂内容延伸到一定深度，提升学生灵活运用知识解决问题的能力。

2.2 课程思政元素融入设计

(1) 通过提问"煤从哪里来？"引导学生探索"煤的前世"，将煤岩样品中的植物化石和镜下图像联系起来，从宏观到微观，进而引出植物演化和成煤作用的关系，培养学生透过现象看本质的洞察能力，追求真理、勇于探索的科学精神。

(2) 提问"煤为什么如此重要？""怎样才能成煤？"引出国家能源安全观，树立专业使命感和社会责任感；提出"泥炭沼泽"的概念，介绍泥炭沼泽的形成过程和类型、现代滨海泥炭的形成环境、现代丰富的森林资源能否继续成煤等知识，引导学生观察和总结现代泥炭的地理分布特征，理解"由现象到本质"，培养辩证思维能力，树立正确的自然观和科学观。

16 "普通地质学"课程思政教学案例*

16.1 课程简介

"普通地质学"是地质类相关专业大一年级学生的入门专业必修课。本课程要求学生掌握地球时空特征和物质组成、各种内外动力地质作用的类型及物质和能量的循环转化过程，了解资源、环境和地质灾害；具备初步解释地质现象的能力，鉴定和描述常见矿物、岩石、化石的能力，并且掌握野外地质工作的一般方法；培养地质时空观和地质思维，树立地质报国的家国情怀和使命担当，厚植人与自然和谐发展的理念。课程与培养目标中育人指标点的支撑关系见表 3.16.1。

表 3.16.1 "普通地质学"课程与培养目标中育人指标点的支撑关系

序号	育人要求指标点	指标点内容
1	天下意识	R1.2 引导学生认识地质的多维时空观与人类文明，树立献身地质事业、肩负民族复兴重任、谋求世界大同的崇高理想
2	家国情怀	R2.2 引导学生认识地质类专业在国民经济发展中的历史贡献、基础地位和时代责任，激发学生的专业自豪感、地质报国的家国情怀和使命担当
3	地质品质	R7 教育引导学生深刻理解"三光荣"等地质精神的思想精华和时代价值，厚植胸怀宽广、无私奉献、艰苦奋斗、开拓创新、奋发有为的地质品质
4	地质思维	R8 教育引导学生深刻理解地质类专业系统演化观、人地互馈观与地质先行等独特的思想体系，厚植人与自然和谐发展的理念，培养敬业、精益、专注、创新的工匠精神

16.2 课程思政总体设计和教学实施思路

（1）课程构建了"三位一体"的课程思政教学知识体系。通过系统梳理教学知识点，

---

* 河南理工大学资源环境学院，郑德顺。

以专业知识为核心，结合知识点与理论和生活生产实际相结合的案例，进行课程思政元素的挖掘，构建了"普通地质学"课程"专业知识—典型案例—思政元素"三位一体的知识与价值体系有机融合的课程思政教学知识体系，并将科学前沿知识融入课程内容，增加课程的创新性。

（2）课程创新了"三类课堂"的课程思政育人模式。以课程思政课堂教学内容体系传授的第一课堂为核心，传授课程的基本概念和基本理论，在讲授过程中有机融入课程思政元素；以课程室内实验与地球科学馆参观、校园景观石半日游、缝山针公园认识实习为主的实践能力培养的第二课堂为外延拓展，提升学生的实践能力，引导学生养成良好的地质品质和学校精神；以专家学科前沿讲座、地学科普讲座、地学户外研学等多形式的学科素养熏陶的第三课堂为环境浸润，培养学生的天下意识、家国情怀等精神。

课程的知识单元体系及相应思政教学点如表 3.16.2 所示。

表 3.16.2 "普通地质学"课程的知识单元体系及相应思政教学点

序号	知识单元	知识点（含育人知识点）	教学手段	课内学时	课外学时
1	什么是地质学	理解地球的时空结构和物质组成，建立正确的唯物观和宇宙观	课堂讲授法、视频媒体法	1	0
2	地质学研究方法	了解野外—实验—反演的地质研究流程，培养学生的吃苦耐劳精神和逻辑思维能力	故事类比法、分组讨论法	2	0
3	地球的形成和演化	掌握地球内外圈层结构，加强学生对事物发展演化条件和过程的分析能力	课堂讲授法、视频媒体法	1	0
4	地球的内部圈层结构	理解地球内部圈层结构识别方法，掌握地球内部圈层结构的划分结果，通过安德烈·莫霍洛维奇和古登堡等科学家的故事，提升学生的科学素养和人文素养	课堂讲授法、启发式教学法	2	0
5	地壳的物质组成	掌握常见矿物和岩石的描述和欣赏方法，提高学生自律力、团结意识和审美能力	课堂讲授法、实践教学法、分组讨论法	4	2
6	地质年代	理解相对地质年代和绝对地质年代的判断方法，掌握地质年代表，了解生物演化过程，提高学生科学素养，坚定学生政治信仰，学会辩证思维	课堂讲授法、视频媒体法、启发式教学法	2	0
7	地质作用	掌握内外动力地质作用的动力、类型和结果，培养学生的辩证思维和系统思维	课堂讲授法、科普讲座法	1	0

（续表）

序号	知识单元	知识点（含育人知识点）	教学手段	课内学时	课外学时
8	岩石圈板块运动	掌握固定论和活动论的基本思想，理解大陆漂移学说、海底扩张学说和板块构造学说的基本内容和证据，培养学生对立统一的科学思维，通过阿尔弗雷德·魏格纳为科学献身的精神，提升学生的精神追求和科学素养	课堂讲授法、分组讨论法	4	0
9	岩浆作用	掌握岩浆运动特征和产物，理解岩浆多样性的原因，培养学生系统思维和辩证思维，提升实践能力	课堂讲授法、实践教学法、视频媒体法	4	2
10	风化作用	掌握风化作用的概念、类型和产物，培养学生科学态度和方法，提升学生热爱祖国的价值理念	课堂讲授法、实践教学法	2	0
11	地表水的地质作用	了解河流与人类的密切关系，理解河流侵蚀、搬运、沉积的过程，培养学生人与自然相互依存的生态环境理念，提升学生的民族自豪感	课堂教学法、实践教学法、分组讨论法	2	0
12	地下水的地质作用	了解地下水的赋存，掌握喀斯特地貌及其影响因素，培养学生认识事物发展规律	课堂教学法、视频媒体法、科普讲座法	2	0
13	海洋的地质作用	了解海洋的基本特征，掌握海水的动力及剥蚀、搬运、沉积特征，培养学生热爱祖国的价值理念，展示大国重器，提升科学素养	课堂教学法、视频媒体法	2	0
14	湖泊沼泽的地质作用	了解湖泊沼泽的动力，掌握湖泊沼泽的沉积特征，以陆相成油理论为载体，培养学生的民族自豪感，展示大国力量	课堂教学法、案例教学法	2	0
15	冰川的地质作用	了解冰川的形成过程，掌握冰川的剥蚀、搬运和沉积特征，培养学生的审美观，提升学生热爱祖国的热情	课堂教学法、案例教学法	1	0
16	风的地质作用	了解风的动力，掌握风的剥蚀、搬运、沉积特征，了解雅丹地貌，通过介绍楼兰古国案例来提升学生人类、自然和环境协调发展的意识	课堂教学法、案例教学法、科普讲座法	1	0
17	成岩作用和沉积岩特征	掌握成岩作用的类型，理解沉积岩的特征，通过对不可再生能源的分析，培养学生保护地球、爱护环境的意识	课堂教学法、实践教学法	1	2
18	变质作用	掌握变质作用类型和变质岩特征，培养学生分析问题和解决问题的科学思维，提升学生热爱祖国大好河山的素养	课堂教学法、实践教学法	4	2
19	构造运动和地质构造	掌握构造运动的特点，理解常见的地质构造的类型及形成过程，培养学生辩证思维和逻辑思维，提升学生科学精神	课堂教学法、实践教学法	6	0
20	矿产资源与能源	掌握矿产资源与能源的类型，培养学生的爱国热情，提升学生热爱地球、保护环境的意识	课堂教学法、案例教学法	2	0
21	地质灾害与环境地质	掌握常见地质灾害类型和环境地质条件，培养学生的环境意识，提升学生的社会责任感	课堂教学法、案例教学法	2	0

16.3　课程思政教学设计样例

"普通地质学"课程思政教学设计样例如表 3.16.3 所示。

表 3.16.3　"普通地质学"课程思政教学设计方案

课程名称	普通地质学	总课时	48 课时	课程类型	专业必修课
授课对象	资源勘查工程专业大一年级学生			教师	郑德顺
授课章节	第九章　板块构造 第一节　大陆漂移	时长	50 分钟	授课方式	线下
课程教材	舒良树. 普通地质学 [M]．4 版．北京：地质出版社，2020.				
学习资源	中国大学 MOOC: https://www.icourse163.org/course/NJU-1003571003				

1　育人知识点
(1) 了解地壳运动的两种基本学说（槽台学说和板块学说）的学科发展史，引导学生认识地质的时空观和物质观，培养学生的多维时空观等特有的地质思维。
(2) 掌握大陆漂移学说的内容和证据，教育引导学生厚植胸怀宽广、无私奉献、艰苦奋斗、开拓创新、奋发有为的地质品质。
(3) 理解大陆漂移学说的优点和不足，熟悉阿尔弗雷德·魏格纳的生平事迹并领悟其精神品质，培养学生在地质工作中追求真理、崇尚创新、尊重实践、弘扬理性的科学精神。

2　课程思政教学方法与设计
2.1　课程思政教学方法
(1) 启发式教学法：通过对图片或实物的观察，启发同学们根据已有知识或者日常生活实际进行思考，并形成自己的认识。
(2) 讨论式教学法：通过分组讨论地壳运动的方向，引发同学们思考，为固定论和活动论观点的鲜明对比奠定基础，引发同学们的学习兴趣，并促进养成用证据证明观点的科学思维。
(3) 案例教学法：以阿尔弗雷德·魏格纳的生平事迹为案例，启发同学们思考地质人胸怀宽广、无私奉献和艰苦奋斗的精神品质。

2.2　课程思政元素融入设计
(1) 通过让同学们观察世界地形图来分析陆地和海洋中地形地貌的变化，提出地形地貌差别如此之大的原因和地壳运动的方向与分布规律是什么的问题，引导同学们思考时间和空间上的地壳变化过程，树立科学的地学时空观。
(2) 通过介绍大陆漂移学说提出的过程以及大陆漂移学说的内容和证据，培养学生用证据来证实自己观点的科学精神和实事求是的地质思维。
(3) 通过回顾阿尔弗雷德·魏格纳一生对地学的贡献，启发同学们培养为地学无私奉献、艰苦奋斗的地质品质。

17 "普通地质学"课程思政教学案例[*]

17.1 课程简介

"普通地质学"课程是地质工程专业和资源勘查工程专业本科生大一年级上学期的专业基础课。本课程要求学生了解地质学基本内容,掌握地质学基本概念和基本原理,建立正确的时空和物质运动、变化的观念;掌握理论知识在解决基础地质和地质环境问题中的基本方法,具备理论与实践相结合的能力,培养综合分析和解决地质问题的能力;建立"时—空"四维地质学思维,增强服务青藏高原、扎根艰苦环境的奉献精神。课程与培养目标中育人指标点的支撑关系见表3.17.1。

表 3.17.1 "普通地质学"课程与培养目标中育人指标点的支撑关系

序号	育人要求指标点	指标点内容
1	家国情怀	引导学生认识地质类专业在国民经济发展中的历史贡献、基础地位和时代责任,激发学生的专业自豪感、地质报国的家国情怀和担当意识
2	地质品质	培育学生胸怀宽广、无私奉献、艰苦奋斗、开拓创新、奋发有为的地质品质
3	地质思维	建立学生"时—空"四维地质学思维,厚植地质先行、人与自然和谐共处的绿色发展理念

17.2 课程思政总体设计和教学实施思路

课程思政建设以丰富课程内涵、提升课程品质,引领学生价值取向、塑造学生道德素质为指导,通过持续、精进式的课程建设使本课程将家国情怀、文化自信、人格养成及

---

[*] 青海大学地质工程系,朱海丽、胡夏嵩。

地质品质等思想政治教育导向与知识、技能传授有机融合。课程从"中国故事、时事实践、辩证思维"三方面开展思政教育，拓展出家国情怀、社会责任、文化自信、大国工匠、人文情怀和红色基因六条线，每条线结合章节内容建立思政点，形成"点线面"相融合的课程思政体系。思政案例注重展示青藏高原地学研究优势、青藏二次科考、生态地质最新研究成果和名人逸事，增强文化自信和责任担当。

开展多种形式的思政教育，注重多方位的德识及综合素质培养是解决问题的关键，建设课程思政典型案例库，多维度、多课堂、多载体实施课程思政教学，树立课程思政典型示范。课上通过介绍地质名家典故、校友前辈的感人事迹，树立德识双馨的榜样和标杆，增强学生家国情怀和远大志向；通过展示我国青藏高原、黄土高原、金钉子剖面等地学研究优势及相关最新科研成果，增强学生民族自信、科技自信和文化自信；通过介绍青藏高原冰川、河流、湖泊、盐湖等壮美地貌，引发学生学习兴趣；通过带领学生开展认识实习及参与科研，增强团队协作意识，培养重观察、重实验、重分析、精益求精的科学和创新精神；通过指导学生自主创办期刊《青春地质》，融学生人文素质、道德素质与专业素质于一体；将思政教育与知识、技能传授有机融合。把身边的地质引入课堂，把有趣的现象介绍给学生，带学生走入山间谷地，探寻一块岩石背后的演化历史，使学生对专业的热爱和对知识的探求精神，在心底不知不觉生根发芽。将思想政治教育导向与知识、技能传授有机融合，通过显隐结合的方式引导学生自觉承担保护家园、服务地方的重任。课程的知识模块及相应思政教学点如表 3.17.2 所示。

表 3.17.2 "普通地质学"课程的知识模块及相应思政教学点

序号	知识模块	知识点（含育人知识点）	教学手段	课内学时	课外学时
1	地球的基本特征及其历史演化	学生能够划分地球的层圈结构和内部构造；能够说明地壳物质组成的三个层次以及物质循环；对比和鉴定常见矿物和三大类岩石的常见岩石类型；掌握地质年代的确立方法并熟记地质年代表；厘清地球各个演化时期对应的生物演化。通过对我国地学前辈在地学领域的突出成就和在国际上取得的地学先进成果的阐述和介绍，培养学生的爱国情操和文化自信，树立为地质事业努力拼搏的信念	理论讲授 室内实验 实验报告 思维导图	12	10

(续表)

序号	知识模块	知识点（含育人知识点）	教学手段	课内学时	课外学时
2	地质作用与产物	能够定义地质作用，描述地质作用的特点，解释和应用地质作用的研究方法；比较和区分各种内外力地质作用类型、特征和相应的地质作用产物；围绕"成因、特点和产物"，分析地质作用的物质基础、地质作用的具体方式和过程、地质作用的时空变化及其产物和分布规律等问题。对内外力地质作用的学习，使学生树立物质运动性的辩证唯物主义思维模式，认识世间万物联系的普遍性，感知事物发展变化的特点	理论讲授 室内实验 案例讨论 学生演讲 实验报告 思维导图	18	4
3	人类社会与地质环境	能够解释不同地质灾害类型的成因和表现形式；阐述城市兴衰、人体健康及废物处置等与地质环境之间的关系；提出对于如何实现人类社会与地质环境和谐共处的理念和具体的解决方案。通过人为地质作用对地质环境影响的学习，树立正确人地观，保护地质环境，建立人与地质环境之间和谐共处的可持续发展观	理论讲授 学生演讲 案例讨论 参观博物馆 课后作业	2	2

17.3 课程思政教学设计样例

"普通地质学"课程思政教学设计样例如表 3.17.3 所示。

表 3.17.3　"普通地质学"课程思政教学设计方案

课程名称	普通地质学	总课时	32 课时	课程类型	专业基础课
授课对象	地质工程专业大一年级学生 资源勘查工程专业大一年级学生			教师	朱海丽、胡夏嵩
授课章节	河流的侵蚀作用	时长	45 分钟	授课方式	线下
课程教材	舒良树. 普通地质学 [M]. 4 版. 北京：地质出版社，2020.				
学习资源	中国大学 MOOC: https://www.icourse163.org/course/NJU-1003571003 中国知网: https://www.cnki.net				

（续表）

1 育人知识点
(1) 突出青藏高原三江之源地学优势，引入长江源沱沱河、北麓河，黄河源泽曲、兰木错曲及雅鲁藏布江壮丽而秀美图片，增强学生家国情怀，激发学生保护三江生态环境意识和责任心。
(2) 引入教师最新科研成果，介绍黄河源区弯曲河流侵蚀特点和崩岸机制，引导学生思考曲流稳定发育机制，以此引导学生勤于钻研、热爱专业。
(3) 课程中通过引用和提问描写河流地质作用的古诗词，并介绍我国都江堰水利工程，增强学生的文化自信和民族自信，培养人文素养。
(4) 引入纪昀的《河中石兽》，以故事形式分析河流侵蚀作用特点，同时从辩证思维角度提出要理论联系实际和实事求是。

2 课程思政教学方法与设计
2.1 课程思政教学方法
(1) 多种形式的教学：开展多种形式以学生发展为主体的教学，在教学中，通过小组讨论、专题演讲和生问生答等方式，让学生通过身体力行感悟保护大美青海生态环境的重要性，培养团队协作及发现、质疑、严谨、细致的科学精神。分组学习培养学生的集体观念和协作意识；讨论式教学培养学生的自觉性和主动性，从而有效激励学生学习内动力的产生。
(2) 四级阶梯式教学：构建"看现象—找理论—提问题—学应用"四级阶梯式创新教学模式，通过故事、科研案例导入，引导学生理论结合实际，引发学生主动思考，以地质思维和时空观解决问题。

2.2 课程思政元素融入设计
(1) 引入高原河流——由人类四大文明古国"择水而居"到青藏高原"中华水塔"，提出河流地质作用与人类生产、生活息息相关，保护和利用青藏高原水资源的重要意义。导入黄河源、长江源河流地貌照片，在欣赏大美青海之余，介绍其重要意义，引导学生热爱家乡、保护生态环境、合理利用水资源。
(2) 引入古诗词——在感受中国精美诗词之余理解河谷横剖面形态、河流地质作用，增强文化自信，培养人文素养。
(3) 导入故事——从初中课本纪昀先生《河中石兽》的故事入手，分析寺僧、讲经人和老河兵提出寻找石兽的方法，提出要以辩证思维思考问题，培养理论联系实际和实事求是的思考模式。
(4) 工程案例——介绍战国时期著名水利学家李冰父子主持修建的都江堰水利工程，让学生讨论分析设计原理，并在学习中增强学生民族自豪感。
(5) 科研成果——引入教师对黄河源区发育的兰木错曲河岸崩塌及曲流横向迁移规律的最新科研成果，培养学生地质思维，加深对曲流凹岸侵蚀后退、凸岸淤积成岸动态演化过程的认识。

18 "区域地质调查方法"课程思政教学案例*

18.1 课程简介

"区域地质调查方法"课程是资源勘查工程专业本科大二年级开设的地质专业必修课,要求学生重点掌握四大岩类的区域地质调查方法,掌握区调项目的总体设计、地质填图、成果验收、成果出版和资料汇交等方面的基础知识和基本方法。了解区域地质调查中人员组织及实施过程,培养安全意识、环境保护意识和可持续发展意识。培养学生分析问题和解决问题的独立工作能力,为将来从事地质相关工作奠定基础。课程与培养目标中育人指标点的支撑关系见表3.18.1。

表 3.18.1 "区域地质调查方法"课程与培养目标中育人指标点的支撑关系

序号	育人要求指标点	指标点内容
1	家国情怀	R3.2 认识当代国家需求和资源勘查工程专业责任,激发学生的专业自豪感和地质报国使命感
2	科学精神	R4.2 培养学生在地质工作中追求真理、崇尚创新、尊重实践、弘扬理性的科学精神
3	法治意识	R6.2 评价矿产勘查与开发过程可能对生态环境和社会发展造成的影响,能正确认识资源与环境的关系、工程对环境和社会的影响

18.2 课程思政总体设计和教学实施思路

通过启发式教学法、翻转课堂、问题式教学法、互动式教学法、案例分析式教学法,实现地质知识传授与"三观"价值引领的有效融合。将政治认同、爱国情怀、民族精神、创新能力、大国工匠精神和宪法法治意识等思政元素"润物细无声"地融入"区域地质

---

* 河北地质大学地球科学学院,王金芳。

调查方法"的课堂教学，提高地学课程教学质量。真正落实"区域地质调查方法"课程全过程育人、全员育人、全方位育人的要求，引导新时代大学生树立正确的人生观、价值观，为社会培养更多德才兼备的地质有为之才。课程的知识单元体系及相应思政教学点如表 3.18.2 所示。

表 3.18.2 "区域地质调查方法"课程的知识单元体系及相应思政教学点

序号	知识单元	知识点（含育人知识点）	教学手段	课内学时	课外学时
1	绪论	区域地质调查的目的任务（掌握），区域地质调查的基本准则（掌握），区域地质调查的基本程序（掌握），区域地质调查方法课程与其他学科关系（了解），中国区域地质调查发展简史（熟悉），引入中国区域地质调查重大成果	课堂讲授 自主学习	2	2
2	区域地质调查设计	设计书的意义（熟悉），设计编写依据、基本程序、编写内容及要求（掌握），设计书的审批（了解），引入优秀区调设计书作为范例，引导学生在固有格式和范本中进行创新，逐渐将新理论、新技术和新方法融入设计书，兼顾野外地质调查对生态环境及社会发展的影响	课堂讲授 自主学习 课后作业	6	2
3	区域地质调查方法概述	出队前的准备工作（熟悉），野外地质填图方法、野外资料和阶段性资料整理（掌握），野外资料验收程序（了解）。将地质学相关的"中国大国工匠年度人物"野外工作的认真刻苦、精益求精的大国工匠精神引入课堂	课堂讲授 自主学习 课后作业	6	2
4	沉积岩区区域地质调查方法	多重地层划分（掌握），基本层序调查方法（掌握），地层格架建立理论（熟悉），第四纪松散地层的调查要求（了解），介绍"金钉子"在世界地质界的地位和殷鸿福院士事迹，强调中国是全球建立"金钉子"数量最多的国家，增强了学生对党的领导和我国地球科学研究的信心和荣誉感以及民族自豪感	课堂讲授 自主学习 课后作业	4	2
5	花岗岩区区域地质调查方法	花岗岩区研究新进展（了解），岩石谱系单位的划分方法（掌握），复式大岩体内部的接触关系及识别方法（熟悉），介绍天安门广场的人民英雄纪念碑就是花岗岩等案例	课堂讲授 自主学习	2	2
6	火山岩区区域地质调查方法	火山岩地质制图法概念（了解），火山岩区地质填图的总体要求（熟悉），火山岩区区域地质填图方法（掌握），分享教师十几年火山岩地区野外工作经验和工作方法	课堂讲授 自主学习 课后作业	2	2
7	变质岩区区域地质调查方法	变质岩区研究取得的进展（了解），变质岩区研究内容及基本要求（熟悉），变质岩区区域地质调查方法及地质事件序列研究与地质事件表建立（掌握），介绍我国变质岩分布，引入我国近年来发布的"深地探测"战略布局中所涉及的基础地质方面的需求，引导学生将专业学习与国家需求紧密联系起来	课堂讲授 自主学习 课后作业	2	2

(续表)

序号	知识单元	知识点（含育人知识点）	教学手段	课内学时	课外学时
8	构造地质野外调查方法	断层、节理、褶皱和韧性剪切带的野外观察及记录方法（掌握），接触关系野外观察方法（熟悉），构造的叠加与置换（了解），介绍我国及邻国分布的重要构造带（如中亚造山带、大别-苏鲁超高压变质带）与我国"一带一路"倡议思想、"战略矿产资源"分布之间的关系，引导学生更深入地了解国家战略布局过程中所具有的科学性与重要性	课堂讲授 自主学习 课后作业	2	2
9	最终资料整理、报告编写和成果验收	综合整理和编制过渡性资料方法（熟悉），地质编稿原图的编绘（掌握），最终地质报告编写（掌握），最终成果的评审与验收程序（了解），介绍温家宝总理的地质笔记，引导学生实事求是的科研思路，引导学生们要朝着"报告图件作品化"的方向努力	课堂讲授 自主学习 课后作业	4	2
10	地质资料汇交技术要求	成果出版的原则与注意内容（熟悉），原本档案的整理与修改内容（掌握），资料的最终汇交流程（了解），将《中华人民共和国保守国家秘密法》和国家安全观引入教学之中，强调地质资料保密工作事关国家的安全和利益	课堂讲授 自主学习	2	2

18.3 课程思政教学设计样例

"区域地质调查方法"课程思政教学设计样例如表 3.18.3 所示。

表 3.18.3 "区域地质调查方法"课程思政教学设计方案

课程名称	区域地质调查方法	总课时	32 课时	课程类型	专业必修课
授课对象	资源勘查工程专业大二年级学生			教师	王金芳
授课章节	野外地质填图	时长	45 分钟	授课方式	线下
课程教材	田立富. 中国区域地质调查方法简明教程 [M]. 北京：地质出版社，2018.				
学习资源	周仁元，赵得思，郝福江. 区域地质调查工作方法 [M]. 北京：地质出版社，2009. 中国地质调查局. 二十世纪末中国区域地质调查工作方法新进展 [M]. 北京：地质出版社，2003. 中国知网：https://www.cnki.net				

1 育人知识点

讲解区域地质调查中地质观察点、线的地质编录方法和内容，掌握野外基本工作技能，培养学生野外安全意识、环境保护意识，并能将其应用于矿产资源勘查之中。

2 课程思政教学方法与设计

2.1 课程思政教学方法

(1) 互动式教学：以学生为主体，以教师为主导，在教学中，注重课堂互动，充分调动学生的积极性，增强学生的情感体验。

(续表)

(2) 案例式教学：通过真实案例来引导学生运用知识去分析和解决实际问题，通过分组讨论，鼓励学生反思分析过程，提升学习效果。

2.2 课程思政元素融入设计

(1) 在野外记录本编录要求的讲解中，介绍"中国大国工匠 2023 年度人物"中地质领域的大国工匠祁连素和王登红的事迹，引导学生树立在野外工作中认真刻苦、精益求精的大国工匠精神。
(2) 在地质观察点、线的地质编录内容的讲解中，将河北地质大学地球科学博物馆中展览的温家宝总理年轻时的野外记录本引入课堂，引导学生野外仔细观察，实事求是采集地质数据，强调区域地质调查工作在资源勘查中是"一马挡道，万马不能前行"的重要节点，是实现国家目标的先行，培养学生的专业使命意识。

19 "区域地质调查实习（江山）"课程思政教学案例[*]

19.1 课程简介

"区域地质调查实习（江山）"课程是资源勘查工程与地球化学专业本科生大三年级上学期的必修集中性实践课程，是培养学生实践能力和独立工作能力的一项重要措施。本课程要求学生掌握野外地质填图、编写地质调查报告和编制相关图件的理论知识和实际操作方法。让学生系统地学会区域地质调查的基本工作程序和方法，进一步理解已学的基础地质理论，具备常见地质现象的观察、表述和分析能力，为学习后续专业课和进行生产、毕业实习打下牢固的基础。课程与培养目标中育人要求指标点的支撑关系见表 3.19.1。

表 3.19.1 "区域地质调查实习（江山）"课程与培养目标中育人要求指标点的支撑关系

序号	育人要求指标点	指标点内容
1	政治认同	R1.2 深刻认识坚持党的领导是我国地质事业的根本政治保证，坚定中国特色社会主义道路自信、理论自信、制度自信、文化自信
2	科学精神	R4.2 培养学生在地质工作中追求真理、崇尚创新、尊重实践、弘扬理性的科学精神
3	地质品质	R8.1 教育引导学生深刻理解"三光荣"等地质精神的思想精华和时代价值

19.2 课程思政总体设计和教学实施思路

采用多元化的教学方法将思政元素融入实践教学，将所学习的理论知识与实际遇到的现象结合起来分析思考，理论与实践相结合，引导学生在汲取知识的同时，认识问题和知

---

[*] 东华理工大学地球科学学院，韩善楚。

识背后所蕴含的理论思维、方法论和价值判断，激发学生的思想碰撞和情感体验，实现对学生的价值塑造。采用现场讲授法，系统介绍野外观察到的岩石、地层、构造等地质现象，并结合野外现象背后的故事，使学生更好掌握相关知识点。采用现场提问教学法，随机抽取学生提问，让学生自己回顾已学知识和相关实例，提升学生参与度，同时培养学生从实例中汲取价值养料。采用案例教学法，介绍国内外地质工作者在地质领域所作出的杰出贡献，培养学生积极向优秀地质工作学习，增强学生投身地质事业的热情。采用案例教学法，介绍相关地质案例，让学生理解"绿水青山就是金山银山""人与自然的和谐共处"等理念。课程的知识单元体系及相应思政教学点如表 3.19.2 所示。

表 3.19.2 "区域地质调查实习（江山）"课程的知识单元体系及相应思政教学点

序号	知识单元	知识点（含育人知识点）	教学手段	实践学时
1	实习准备	江山实习区区域地质、国土资源（熟悉）；区域地质调查方法介绍（掌握）；野外实习要求和用具准备（掌握）；介绍 2012 年 11 月 16 日青海沱沱河地区 3 名地质队员进行地质调查遇难事件	课堂讲授 自主学习	3天
2	教学路线1：江山上余—石灰窑公路	观察上墅组酸性火山碎屑岩岩石结构、构造及主要成分（掌握）；认识志棠组的岩性、层序结构及地层接触关系（掌握）；认识层理类型、波痕、冲刷面等沉积构造及其水力学意义，测定古流向（掌握）；砾岩的观察研究（熟悉）	课堂讲授 自主学习	1天
3	教学路线2：新塘坞水库—碓边石灰窑—寒武奥陶系界线标志碑	观察雷公坞组、西峰寺组地层（掌握）；观察碓边组地层剖面（掌握）；了解生物地层的基本工作方法（了解）；认识主要的分层标准化石（熟悉）；观察断层的牵引褶曲（掌握）；介绍国际年代地层表中的中国标准——江山阶"金钉子"剖面	课堂讲授 自主学习	1天
4	教学路线3：上横塘—江山岗山麓	观察印渚组、宁国组、胡乐组剖面（掌握）；认识笔石页岩相的基本特征（熟悉）；讲述二叠纪末的生物灭绝事件	室内外讲授 自主学习	1天
5	教学路线4：伍家弄村—原何家山乡政府	观察黄泥岗组、长坞组地层（掌握）；认识浊流沉积的基本特征（掌握）；确定北西向横向断层的性质（掌握）；介绍我国载人潜水器发展的艰辛历程	课堂讲授 自主学习	1天
6	教学路线5：原何家山乡政府—大桥头西南垃圾中转站	观察叶家塘组和藕塘底组地层特征（掌握）；认识海相、陆相及海陆交互环境沉积特征（了解）；识别白云岩和珊瑚化石（掌握）；介绍中国科学院院士、地层古生物学家俞建章先生事迹	课堂讲授 自主学习	1天
7	教学路线6：石头山	观察石头山组及丁家山组地层特征（掌握）；识别核形石灰岩和常见蜓类化石（掌握）；介绍江山南方水泥有限公司的水泥新故事	课堂讲授 自主学习	1天

(续表)

序号	知识单元	知识点（含育人知识点）	教学手段	实践学时
8	教学路线7：虎山公园入口处—老虎山顶—顺风驾校—江山大桥北侧	观察石头山组岩性和化石特征（掌握）；观察衢江群岩性特征及其与下伏石头山组之间的角度不整合接触（掌握）；石英二长岩的观察（掌握）；地质景观素描（熟悉）；介绍本校郭福生等教师在丹霞地貌研究上作出的杰出贡献	课堂讲授 自主学习	1天
9	教学路线8：后垄—大石山	观察与描述褶皱构造（掌握）；确定倾向断层的存在，判别两盘相对滑动方向（掌握）；信手构造剖面的绘制方法（掌握）；野外填图基本方法（掌握）；介绍我国北斗卫星全球导航系统	课堂讲授 自主学习	1天
10	教学路线9：碗窑水库—碗窑博物馆	观察陈蔡群变质岩（掌握）；观察上侏罗统火山碎屑岩岩性及喷发旋回（掌握）	课堂讲授 自主学习	1天
11	地层剖面的测制	实测地层剖面的方法（掌握）；讲述春秋战国时期廉颇与蔺相如的故事	课堂讲授 学生分组操作 课后作业	2天
12	学生独立填图	观察点和观察路线的布置原则、方法（掌握）；观察点的记录、标定及地质界线的勾绘方法（熟悉）；认识各种构造现象的观测、描述、形成机制分析及相互关系（掌握）；野外资料整理和实际材料图的编制（掌握）	课堂讲授 学生分组实习	12天
13	资料综合整理、地质报告编写	地质资料的综合分析和整理、地质发展史分析方法（了解）；测区地形地质图、图切地质剖面图、构造纲要图的编制方法（掌握）；地质报告的编写（熟悉）	课堂讲授 自主学习 课后作业	16天

19.3　课程思政教学设计样例

"区域地质调查实习（江山）"课程思政教学设计样例如表3.19.3所示。

表3.19.3　"区域地质调查实习（江山）"课程思政教学设计方案

课程名称	区域地质调查实习（江山）	总课时	44天	课程类型	必修集中性实践课程
授课对象	资源勘查工程、地球化学专业大三年级学生			教师	韩善楚
授课章节	教学路线2	时长	1天	授课方式	线下
课程教材	郭福生．江山地质概论及区域地质调查实习指导书[M]．北京：地质出版社，2018．				
学习资源	学银在线：https://www.xueyinonline.com/detail/220026126 中国知网：http://www.cnki.net				

(续表)

1 育人知识点
(1) 讲解寒武系碓边组地层剖面，了解生物地层的基本工作方法，认识主要的分层标准化石，培养学生追求真理、尊重实践的科学精神。
(2) 结合江山阶"金钉子"教学案例，讲述我国地质学家在世界"金钉子"领域所作的杰出贡献，通过介绍取得 11 枚"金钉子"，数量全球第一的突出成绩，增强学生的民族自信心和自豪感，坚定中国特色社会主义道路自信、理论自信、制度自信、文化自信。

2 课程思政教学方法与设计

2.1 课程思政教学方法
(1) 提问式教学：询问学生什么是全球年代地层单位界线层型剖面和层型点（Global Boundary Stratotype Section and Point, GSSP），"金钉子"如何被应用于地质学领域等，通过提问式教学，回顾学生所学知识，增加学生参与度，提升学习效果。
(2) 案例式教学：通过江山阶"金钉子"建立等案例，让学生认识生物的演化规律，培养学生在地质工作中追求真理、崇尚创新、尊重实践、弘扬理性的科学精神；通过我国取得"金钉子"数量全球第一的突出成绩，增强学生的民族自信心和自豪感。

2.2 课程思政元素融入设计
(1) 提问什么是全球年代地层单位界线层型剖面和层型点，引入"金钉子"的基本概论，再过渡到"金钉子"建立的依据，即生物界的演化规律是从简单到复杂、由低等到高等的这种规律，培养学生的地质思维，引导学生认识生物的演化规律，厚植系统的演化观。
(2) 讲述江山阶"金钉子"建立过程，特别中国科学院南京古生物研究生所的彭善池研究员及其研究团队所做的工作，培养学生在地质工作中追求真理、崇尚创新、尊重实践、弘扬理性的科学精神。
(3) 讲解江山金钉子自然保护区，包括永久性标志碑及广场、科考木栈道、生态停车场、特色景墙、绿化工程等，让学生了解"绿水青山就是金山银山"的发展理念。
(4) 介绍我国先后建立 11 枚"金钉子"的故事，后来居上，取得"金钉子"数量全球第一的突出成绩，增强学生的民族自信心和自豪感，坚定中国特色社会主义道路自信、理论自信、制度自信、文化自信。

20 "石油及天然气地质学"课程思政教学案例[*]

20.1 课程简介

"石油及天然气地质学"是研究地壳中油气资源地质属性及其形成原理和分布规律的地质科学。本课程是资源勘查工程专业（油气能源相关方向）重要的专业主干课。课程主要内容包括地下常规油气藏的构成要素、形成原理与分布规律等三个知识模块；分别包括油气水特征、油气储盖层与圈闭，油气成因、运移与聚集作用，油气聚集单元、分布规律及控制因素等内容。课程扩展内容主要包括非常规油气资源、含油气系统、盆地模拟等。本课程旨在给学生传播石油及天然气地质学专业知识，培养学生形成油气资源勘查地质思维观；使学生系统掌握油气地质研究及勘探评价方法，以及解决油气勘探开发复杂问题的专业能力；引导学生了解我国认识、利用油气的悠久历史，增强对我国油气工业艰苦创业精神与卓越发展成就的价值认同，培养学生誓为国家重要战略能源"加油""争气"的崇高理想和社会责任感。课程与培养目标中育人指标点的支撑关系见表 3.20.1。

表 3.20.1 "石油及天然气地质学"课程与培养目标中育人指标点的支撑关系

序号	育人要求指标点	指标点内容
1	天下意识	了解文明古国认识、利用地表沥青与油气的悠久历史，引导学生认识油气地质的时空观与人类文明脉络，树立献身地质事业、肩负民族复兴重任、谋求世界大同的崇高理想
2	家国情怀	引导学生认识油气资源在国计民生中的重要地位，激发学生"我为祖国献石油"的专业自豪感
3	科学精神及工程伦理	引导学生认识我国学者提出的"陆相生油理论"、国外学者提出的"非常规含气系统"等重要理论的科学意义，培养学生注重实践、崇尚创新、精益求精的科学精神与工程伦理
4	地质品质	教育引导学生深刻理解"三光荣"等地质精神及"铁人精神"的思想精华和时代价值，培育学生无私奉献、艰苦奋斗、奋发有为的地质品质和创业精神

---

[*] 中国地质大学（武汉）资源学院，徐思煌、李纯泉、王芙蓉、侯宇光、滕长宇。

(续表)

序号	育人要求指标点	指标点内容
5	地质思维	教育学生深刻理解油气资源形成与演化的多尺度物质观和时空观，培养油气资源勘查的地质思维，厚植地质先行、人与自然和谐共处的绿色发展理念
6	学校精神	引导学生了解学校历史、办学定位和育人理念，增强学生对母校的情感认同和专业自豪感

20.2 课程思政总体设计和教学实施思路

"石油及天然气地质学"课程的主要育人目标是使学生认识油气资源地质属性，掌握油气藏形成与分布的基本原理及规律，建立油气勘查地质思维，为其日后成为国家需要的油气能源领域专门人才而奠定扎实专业基础。根据课程育人目标与课程知识体系，系统挖掘提炼出各章节的课程思政元素，形成具体的课程思政教学点。课程支撑的六类育人指标所蕴含的思政元素具体可落实于全课程的教学体系中，涉及的教学内容丰富、教学方法多样、教学点清楚可实施。

课程思政元素紧密结合油气能源的重大战略意义与鲜明行业特色，注重从我国能源安全及家国情怀、天下意识与人文素养等方面加以建设；充分考虑本课程兼具油气勘查工科和油气地质学理科双重属性特点，有效实施工匠精神与工程伦理、科学精神与地质思维的教育；课程思政教育内容在教学大纲中固化，并于课堂讲授、实习实验、课堂讨论、期末考试等各教学环节加以实施。课程的知识单元体系及相应思政教学点如表3.20.2所示。

表3.20.2 "石油及天然气地质学"课程知识单元体系及相应思政教学点

序号	知识单元	知识点（含育人知识点）	教学手段	课内学时	课外学时
1	绪论	古代油气利用；油气工业发展；油气资源现状；课程体系。（《汉书》《梦溪笔谈》等古籍记载了我国利用天然气、石油悠久历史）	课堂讲授 自主学习	2	0
2	油气藏中的流体	油气藏中的石油、天然气、油田水、油气显示属性特征。（讨论地表油气显示与地下油气藏的复杂关系）	课堂讲授 实习实验	6	2
3	储集层和盖层	储集层储集物性，储层岩石类型、储集物性影响因素；盖层及其评价。（致密储层物性精细描述所需先进科学技术）	课堂讲授 实习实验	8	4

(续表)

序号	知识单元	知识点（含育人知识点）	教学手段	课内学时	课外学时
4	圈闭和油气藏	圈闭和油气藏的概念及分类，各类圈闭和油气藏基本特征。（分析流体势理论与圈闭概念的联系）	课堂讲授 实习实验	6	2
5	油气成因和烃源岩	油气成因理论概述、生成油气的物质、生成油气的过程；烃源岩及其评价；油源对比。（强调以本校教授潘钟祥先生为代表的中国学者提出"陆相生油理论"的重要意义）	课堂讲授 实习实验	8	2
6	油气运移	油气初次运移机理，二次运移动力学与运动学特征。（解析成烃增压定量计算的创新方法；分析断裂、不整合面、水动力因素对于油气运移具有促进或阻碍双重作用的辩证法则）	课堂讲授 实习实验	8	4
7	油气藏形成与破坏	油气藏形成地质条件；油气成藏时期确定；油气藏改造与破坏。（分析油气成藏条件间的成因关系；油气成藏过程的"木桶理论"、成藏条件之间的"短板效应"）	课堂讲授 实习实验	4	2
8	油气聚集单元与油气分布	油气聚集单元与油气分布基本规律。（大庆油田的发现与"铁人"精神；歌曲《我为祖国献石油》）	课堂讲授 自主学习	4	2
9	含油气系统与盆地模拟	含油气系统基本概念；盆地模拟基本方法。（含油气系统的系统演化观；盆地模拟的人机互馈与工程伦理）	课堂讲授 实习实验	4	2
10	非常规含油气系统和非常规油气资源	非常规石油、非常规天然气资源类型。（常规油气藏与非常规油气资源的辩证关系；非常规油气勘探开发的理论与技术创新）	课堂讲授	4	0
11	油气勘探与油气资源评价	油气资源评价基本概念。（我国油气对外依存度高，国家能源安全十分重要）	课堂讲授	2	2

20.3 课程思政教学设计样例

"石油及天然气地质学"课程思政教学设计样例如表 3.20.3 所示。

表 3.20.3 "石油及天然气地质学"课程思政教学设计方案

课程名称	石油及天然气地质学	总课时	56 课时	课程类型	专业主干课
授课对象	资源勘查工程专业（油气能源相关方向）大三年级学生			教师	徐思煌

(续表)

授课章节	油气成因理论概述	时长	45分钟	授课方式	线下授课
课程教材	何生，叶加仁，徐思煌，等. 石油及天然气地质学 [M]. 武汉：中国地质大学出版社，2010. 陈荣书. 石油及天然气地质学 [M]. 武汉：中国地质大学出版社，1994.				
学习资源	爱课程：https://www.icourses.cn/sCourse/course_2439.html				

1 育人知识点

(1) 较系统地介绍油气有机成因、无机成因两大学派中的各种具体假说的基本观点、主要论据、相互争论的焦点问题，引导学生正确认识科学发展与技术进步间的相互促进关系，培养学生仰望星空、脚踏实地的学术品格，引导学生理解油气成因假说观点碰撞、学术争论与科学探索是通往真理的常态过程。
(2) 指出油气成因研究不仅具有理论意义，而且具有指导油气勘探、造福人类的实践应用价值。
(3) 重点强调以本校教授潘钟祥先生为代表提出的"陆相生油理论"的重要意义，结合此实例激发学生的天下意识、家国情怀、科学精神、地质品质、地质思维和学校精神。

2 课程思政教学方法与设计

2.1 课程思政教学方法

(1) 顺理成章讲授法：在课程专业知识教学授课过程中，"润物细无声"地在合适的内容中顺势讲授相关的课程思政教学点内容，包括讲授有关案例。例如，在本节有关油气成因假说内容中，讲到一度盛行的"唯海相生油论"后，很自然讲授"陆相生油理论"。
(2) 信手拈来演示法：一些涉及"家国情怀"的课程思政教学点，常常已经具备生动的视频、音频形式的现成教学资源，适合在授课过程的课前、课堂、课间直接植入播放，该形式活跃、效果较好。例如，播放歌曲《我为祖国献石油》、纪录片《大庆魂》等。
(3) 深刻寓意实训法：对于那些在较复杂的专业知识内所蕴含的地质思维或科学问题思辨，需要安排实习操练、课堂讨论，让学生在实践之后悟出其中道理。
(4) 多管齐下综合法：以上三种方法中的两种及以上方法同时采用。

2.2 课程思政元素融入设计

(1) 按时序对比简介两百多年来代表性油气成因假说，分为无机成油说和有机成油说两大学派，按先后顺序简述两大学派中各种有代表性的具体油气成因假说的概要观点、不同假说之间争论的焦点，激发学生对于学术争辩的兴趣和思考。
(2) 设问导入课程思政元素的主题。指出所讨论的各种成油假说之间的核心差异在于油气起源物质不同，或者生成油气的作用机理或过程不同。提出"有没有涉及生成油气的有机质沉积环境不同？"答案是几乎没有。但是在1940年之前，世界各国发现的油田以海相地层为主，国际上石油地质学学术界盛行"唯海相生油论"，即涉及陆相地层能不能生油的问题。
(3) 重点讲授以潘钟祥为代表提出的"陆相生油理论"。国外学者基于当时世界上发现海相油田多、陆相油田极少的勘探现状，就片面强调海相地层才能生油的说法。美孚石油公司在我国西北地区石油勘探告败，就得出"中国贫油"的谬论。但我国老一辈地质学家基于多年对陕北等地区石油调查，认为陆相沉积同样可以生油，并发现多处油气苗和老君庙油田。1941年正在美国攻读博士学位的潘钟祥在AAPG发表论文，明确提出陆相地层同样可以生油，并能够形成油田，指出中国陕北三叠系及侏罗系、四川自流井层均为陆相沉积，其中的油气均系自生的。
(4) "陆相生油理论"案例的课程思政重要意义总结：①天下意识，潘钟祥先生具有献身地质事业、肩负民族复兴重任的理想信念；②家国情怀，外国人扣给中国"贫油"的帽子，潘先生具有地质报国、寻找石油奉献祖国建设的情怀，事实上"陆相生油理论"的应用对我国成功甩掉"贫油"的帽子发挥了积极作用；③科学精神，追求真理、尊重地质调查实践，崇尚理论创新、敢于突破国际"权威理论"的禁锢，科学地论断陆相地层与海相地层都可以生成油气；④地质品质，无私奉献、艰苦奋斗，骑着毛驴找油，基于陕北与四川等地区的地表地质调查实践；⑤地质思维，注重地质演化观，专注钻研科学问题，进行细致油气对比，认为所调查的中国西部中生界石油是其陆相地层自生的，体现敬业精神和工匠精神；⑥学校精神，告诉学生，潘钟祥先生留美回国后在北京地质学院、武汉地质学院（中国地质大学前身）石油地质教研室任教，并创建了石油地质学课程，编写《石油地质学》《世界油气田》等经典教材，其学术成果、教学思想、教材知识体系一直深刻影响着我国石油及天然气地质学的研究及教学，增强学生对潘先生崇敬之情、对学校精神的情感与价值认同。

21 "土质学与土力学"课程思政教学案例*

21.1 课程简介

"土质学与土力学"课程是地质工程专业大二年级下学期的核心专业必修课，2019 年被认定为国家级一流本科课程（线上线下混合式）。课程基本目标是使学生了解土的物理力学性质并具备工程应用的基本能力，高阶目标是培养创新、敬业、执业精神，进行国际视野的引导。

课程教学目标中育人指标点包括家国情怀、科学精神和法治意识等，具体如下：要求学生了解古代劳动人民创造的伟大工程、新时代国家重大工程中的土力学难题，激发学生爱国热情和学习兴趣；通过土力学发展史和土力学家的事迹培养科学精神和实践思想；通过现场考查和实验，了解有关国家标准和岩土工程执业特点，培养严格的职业精神和吃苦耐劳的品格，培养爱国敬业情感。

21.2 课程思政总体设计和教学实施思路

家国情怀。通过介绍古代劳动人民创造的伟大工程、进入新时代后国家重大基础建设中的土力学问题、新时代地基处理技术的创新实践等，增强学生专业自豪感，进行爱国敬业的情感引导。在土坡稳定性分析、地基处理内容中，了解地质灾害防治的重要性，体现安全第一、人民至上、生命至上，以人民为中心的发展思想。

科学精神。通过介绍国际上著名土力学家太沙基等创立和发展土力学的历史、典型案例等，培养学生的科学精神，强调土力学科学思维，以及地质学工作的重要性。通过讲授工程地质成因演化论、土的应力历史等培养学生尊重自然的意识，强调第一手资料获

---

* 中国矿业大学资源与地球科学学院，隋旺华。

取对模型建立和参数选取的重要性。

法治意识。通过岩土工程师的技术职责、土工实验和现场考察、有关标准的遵循和学习，培养学生遵守工程伦理和遵纪守法的意识、严格的职业精神和吃苦耐劳的品格，形成爱国敬业的情感引导。课程的知识单元体系及相应思政教学点如表3.21.1所示。

表3.21.1 "土质学与土力学"课程的知识单元体系及相应思政教学点

序号	章节	内容及要求	课程思政教学点	教学手段及支撑指标点	学时
1	绪论	了解：土质学与土力学的诞生与发展；土质学与土力学在工程建设中的作用；岩土工程师的知识结构。掌握：土与土体的概念；土质学与土力学研究内容和方法	通过古代劳动人民创造的伟大工程、新时代国家重大工程中的土力学难题，激发爱国热情和学习兴趣	讲授+课外阅读 指标点1-3	1
2	土的物质组成与物理性质	了解：土的成因演化；土的三相组成及其对土的物理力学性质的影响；筛分分析法和沉降分析法的原理和适用条件；土中的矿物类型、土的矿物成分与粒度成分之间的关系。掌握：土的粒度成分的累积曲线绘制方法及判读；各指标间的换算及计算；黏性土的稠度与塑性的基本概念；塑性指数和液性指数的计算并明确其意义；土的分类定名；筛分法、沉降法颗粒分析法和重度、含水量以及塑限、液限测定实验	工程地质成因演化论，尊重自然	讲授+作业 指标点1-3	5
3	土的渗透性和渗流	了解：土中水的分类；理解土的渗透性、毛细性。掌握：流网的绘制方法与计算方法；渗透力的计算方法；临界水力坡度的计算方法及渗透破坏判别	土力学家达西的科学精神，基础研究的重要性	讲授+作业 指标点1-3	4
4	土的力学性质	掌握：饱和土的有效应力原理；先期固结压力，土的受力历史及固结状态；土的极限平衡条件及应用；孔隙水压力参数；饱和砂土震动液化的判别方法；最优含水量；直接剪切实验、压缩实验、三轴实验（选开）、击实试验（选开）等实验	太沙基重视地质工作和实践的思想。通过土工分类、岩土勘察等国家标准和执业特点，培养严格的职业精神和吃苦耐劳的品格	讲授+作业 指标点1-3	6
5	土的工程分类和工程性质	了解：一般土和特殊土分布规律；黄土湿陷性；膨胀土、淤泥类土、红黏土、污染土等性质改良的基本原理。掌握：土的工程分类方法；特殊土的概念、分类和典型工程性质；黄土湿陷性测试与判别计算；膨胀率测试与膨胀土判别；淤泥类土的触变性、蠕变性、结构性；红黏土、污染土等的特征和工程特性	了解我国特殊土的分布，增强自豪感和学习兴趣，进行爱国敬业的情感引导	研讨 指标点2-3 指标点10-3	4

(续表)

序号	章节	内容及要求	课程思政教学点	教学手段及支撑指标点	学时
6	土中的应力计算	掌握：自重应力、附加应力、基底压力、基底附加压力的计算方法；角点法计算复杂形状及非均布荷载下地基中的附加应力	—	讲授+作业 指标点1-3	4
7	地基沉降计算	了解：地基变形种类。掌握：弹性理论法、规范法（应力面积法）、原始压缩曲线法计算地基最终沉降量的方法；采用太沙基一维固结理论计算沉降－时间关系的方法	地基沉降事故分析，了解掌握第一手资料和正确确立模型和选取参数的重要性	讲授+作业 指标点2-3	4
8	土坡稳定性分析	掌握：无黏性土无渗流和有渗流作用时的安全系数的计算方法；分析黏性土坡的瑞典圆弧法、条分法及毕肖普条分法	了解地质灾害防治的重要性，体现安全第一、以人民为中心的发展思想	讲授+作业 指标点2-3	3
9	土压力计算	掌握：主动土压力、被动土压力、静止土压力的概念；三种挡土墙压力的产生条件；朗金土压力理论、库伦土压力理论	—	讲授+作业 指标点2-3	3
10	地基土承载力计算	掌握：地基承载力、承载力特征值的基本概念；确定地基承载力特征值的理论公式法；极限承载力的计算方法	地基失稳事故分析，了解掌握第一手资料和正确确立模型和选取参数的重要性	讲授+作业 指标点2-3	2

21.3 课程思政教学设计样例

"土质学与土力学"课程思政教学设计样例如表3.21.2所示。

表3.21.2 "土质学与土力学"课程思政教学设计方案

课程名称	土质学与土力学	总课时	36课时	课程类型	专业必修课
授课对象	地质工程专业大二年级本科生			教师	隋旺华
授课章节	第三章 土的力学性质 第一节 土的压缩性	时长	100分钟	授课方式	讲授+翻转课堂
课程教材	隋旺华. 土质学与土力学 [M]. 2版. 徐州：中国矿业大学出版社，2020.				
学习资源	爱课程：http://www.icourses.cn/sCourse/course_3125.html 中国大学MOOC：https://www.icourse163.org/spoc/course/CUMT-1462695162?tid=1467145569 中国大学MOOC：https://www.icourse163.org/spoc/course/CUMT-1462970165?tid=1463787443				

(续表)

1 育人知识点
(1) 理解土的压缩性研究对建筑物稳定性的重要意义。
(2) 从土的固结历史分析，认识自然演化的道理，遵从自然发展及可持续发展的理念。
(3) 从有效应力原理的发现及表达方面，理解科学研究的意义以及科学表达的简约之美。

2 课程思政教学方法与设计
2.1 课程思政教学方法
(1) 案例引导教学：对岩土工程史上典型的工程失效案例进行分析，让学生分析讨论工程案例给予的启示，确立勘察和地基稳定性研究的意义，以及建设工程与地质环境相适应的要求。
(2) 研讨与练习：在爱课程网站发布课前思考题并让学生参加线上讨论，使学生对压缩性及剪切破坏有一定的认识，通过研讨和习题使学生进一步认识自然演化的道理，以及自然规律的科学表达。

2.2 课程思政元素融入设计
(1) 先例引导，对上海展览馆、意大利比萨斜塔、加拿大特朗斯康谷仓、香港宝城大厦等工程失效案例进行分析，说明建筑与土体相互作用产生的三类主要问题，并讲述土的压缩性、抗剪性等力学性质研究对建筑物稳定性的重要意义。
(2) 通过有效应力原理的发现及表达，理解科学研究的意义以及科学表达的简约之美。
(3) 分析土的固结历史，认识到我们现在工程所对应的土体是处于自然地质历史进程的一个阶段。想要正确预测土体在人类工程活动下的演化规律，就要认识土的自然演化历史，同时工程建设也要遵从自然发展规律与可持续发展的理念。

22 "岩石学"课程思政教学案例

22.1 课程简介

"岩石学"课程是地质类专业本科生的一门专业必修课程。本课程要求学生理解和掌握岩石学的研究意义、内容、基本概念、原理和方法；理解和掌握岩浆岩、沉积岩和变质岩三大类岩石的分布、特征、成因、分类系统和命名方法；理解和掌握常见岩石类型的基本特征；具备对常见岩石进行鉴定和成因分析的基本能力；培养具有地学素养和专业技能的人才。本课程与培养目标中育人指标点的支撑关系见表3.22.1。

表 3.22.1 "岩石学"课程与培养目标中育人指标点的支撑关系

序号	育人要求指标点	指标点内容
1	工程知识	具有扎实的基础科学知识，系统的资源勘查领域的基本理论、方法和技能
2	问题分析	具有分析和研究问题的能力，能在煤炭及煤层气等相关矿产勘查工程领域具备较好的科学思维和创新意识
3	团队工作	能适应独立和团队工作环境，在煤及煤层气等相关矿产勘查工程领域能够从事资源勘查评价、科学研究及管理工作，具有较强的实践能力
4	职业规范	具有良好的人文科学素养、职业道德、身心素质和较强的社会责任感
5	终身学习	具备沟通与组织管理能力、自主学习和终身学习能力

22.2 课程思政总体设计和教学实施思路

22.2.1 课程思政元素的挖掘提炼过程

本课程实行线上、线下的混合式教学模式，在实际的课堂教学中采取以学生为中心、

---

* 中国矿业大学（北京）地球科学与测绘工程学院，邵龙义、鲁静。

以产出为导向的互动式教学方法，通过甄选典型案例、组织课堂讨论、模拟专业情境等方式提高学生对专业知识的掌握和解决问题的能力。在本课程教学大纲的设计中，不仅注重专业知识技能的传授（课程目标），同时注重培养学生的科学思维和价值观（育人目标），并提炼得出 5 个岩石学课程思政教学点，不断完善专业课程思政案例库建设和线上教学资源建设，以实现课堂教学与思政教育的深度融合（图 3.22.1）。

图 3.22.1 课程思政元素的挖掘利用过程

本课程所形成思政教学点的具体内容如下。

（1）聚焦国家战略需求，满足新时代人才需求。在教学中引导学生重视国家能源安全问题，了解我国煤炭和煤层气的资源潜力，鼓励学生在国家新一轮找矿突破战略行动中贡献力量。引导学生关注我国在生态文明建设、人类可持续发展、应对全球气候变化等领域的重要战略部署，强化"双碳"目标以及"绿水青山就是金山银山""矿山生态文明建设"等富有新时代气息的专业发展思想。身处大数据时代，学生作为未来的地质工作者，既要掌握传统的岩石学研究方法，也要意识到科学大数据分析方法的重要性，引导学生关注国家"数字技术"创新应用，了解"地质云""深时数字地球"等新兴热门课题。

（2）训练地学思维，提高专业素养。引导学生从地学角度思考和分析问题，具备"见微知著""将今论古"的地学思维方式，深刻理解人类社会与地质环境的关系。"岩石学"是地质类及相关工程类专业的重要基础课程，通过线上、线下课程学习和实验课实践，有效提高学生的岩矿鉴定技能，并为其未来在地质和工程领域的研究和工作打下坚实的基础。

（3）立足地学专业优势，增强团队合作和实践。通过探究青藏高原、西北黄土高原、中国北方陆相生油盆地和滇黔桂喀斯特地貌等专题中的重大科学问题，展示地学研究中的中国地域特色和地学研究优势，鼓励学生发挥专业优势，为地学领域发展贡献力量。同时，设置小组作业和讨论课程，旨在促进学生间的互动与合作，培养学生团队合作和解决问题的能力。

（4）传承地质精神，树立报国理想。紧密结合时政报道和专业发展动态，引导学生深入思考地质科学问题，教育学生在工程实践中理解并遵守地质行业的工程伦理和职业道德。通过讲述杰出地质学家的生平事迹，以及对我国地域特色地学研究优势的剖析，提升学生的国家自豪感和专业荣誉感，厚植胸怀宽广、无私奉献、艰苦奋斗、开拓创新、奋发有为的地质品质，进一步坚定其理想信念。

（5）培养自主学习和终身学习能力。本课程设计配套的"岩石学"慕课课堂，为学生提供了良好的课外学习环境和资源；倡导并组织学生参加各类国内外开放式学术会议，与同行积极交流，加深对学科的理解并获取新的学术观点；鼓励学生设立终身学习目标，以适应不断变化的社会和工作环境，并通过智慧教育平台及名师讲堂提升个人知识与技能水平。

22.2.2 特色和创新

（1）以提高学生自主学习能力为目的，采用线上、线下混合式教学模式。通过慕课平台提供精练的专业课程视频内容，帮助学生进行课前预习和课后复习。这种模式不仅提高了学生的学习效率，还使教师有更多时间对课堂内容进行深入拓展，帮助学生更深入地理解关键概念。

（2）探索以学生为中心、以产出为导向的"翻转课堂"模式。鼓励学生参与课堂讨论和辩论，引导学生从专业角度思考问题。着重培养学生的独立思考和表达能力，激发学生的学习自主性以及对学术动态的兴趣。

（3）深入挖掘课程中的思政元素，初步建设了可以体现本专业特点的思政元素库。通过案例解析、课堂讨论等形式，将思政元素有机融入课程教育，让育人和育才相统一，达到让学生既"读圣贤书"又"闻窗外事"的效果。

（4）建设双语课程，拓展学生国际视野。作为地质类专业的基础必修课程，"岩石学"的双语教学不仅提高了学生的专业英语水平和外文文献阅读能力，还有助于扩大学生的国际视野，提升跨文化交流能力。

（5）构建多元化的教学评价体系，坚持促进学生全面发展和个性成长。成绩评定方式综合考虑了学生线上线下的综合表现，包括平时作业、课堂讨论、实验课、期末考试和慕课学习等方面的表现，旨在全面考查学生的学习态度、知识技能掌握情况和科研潜力，以促进学生全面发展和个性成长。

22.2.3　课程教学大纲

"岩石学"课程的知识单元体系及相应思政教学点如表 3.22.2 所示。

表 3.22.2　"岩石学"课程的知识单元体系及相应思政教学点

序号	知识单元	知识点（含育人知识点）	教学手段	课内学时	课外学时
1	绪论	①岩石、岩石学基本概念及三大类岩石；②岩浆岩、沉积岩、变质岩的转化关系	课堂讲授 自主学习 课后作业	2	2
2	岩浆岩总论	①岩浆岩基本概念、结构、构造、成分、产状、分类和命名；②鲍文反应原理；③岩浆岩矿物共生组合规律与化学成分的关系	课堂讲授 课堂讨论 自主学习 课后作业	6	2
3	岩浆岩各论	①代表性岩浆岩石类型在颜色、结构、构造、成分方面的特征；②岩浆岩鉴定特征和鉴定方法	课堂讲授 自主学习 课后作业 实验课	18	2
4	岩浆岩成因	①岩浆形成机制；②原生岩浆种类和起源；③岩浆演化	课堂讲授 自主学习 课后作业	2	2
5	沉积岩总论	①沉积物来源——母岩风化产物；②沉积分异与沉积作用，尤尔斯特隆图解；③成岩作用与阶段划分	课堂讲授 课堂讨论 自主学习 课后作业	6	2
6	沉积岩各论	①沉积岩分类；②砂岩成分、结构和构造特征及成分和成因分类与定名；③碳酸盐岩成分、结构特征及分类定名	课堂讲授 自主学习 课后作业 实验课	18	2
7	沉积相基本概念	①理解和掌握沉积环境、沉积相、沉积体系、沉积模式基本概念；②了解沉积环境和沉积相分类；③了解沉积学及岩相古地理学基本概念和方法原理	课堂讲授 自主学习 课后作业	2	2
8	变质岩总论	①变质岩基本概念与原理；②变质岩成分、结构、构造特征及分类定名	课堂讲授 自主学习 课后作业	2	2

(续表)

序号	知识单元	知识点（含育人知识点）	教学手段	课内学时	课外学时
9	变质岩各论	①各种主要变质岩类的定义；②各类变质岩的进一步分类原则及分类方法；③常见变质岩鉴定特征和鉴定方法	课堂讲授 自主学习 课后作业 实验课	7	2
10	变质作用研究	①变质作用概念；②变质作用研究、变质岩原岩性质的识别和恢复、变质变形关系的识别	课堂讲授 自主学习 课后作业	1	2

22.3　课程思政教学设计样例

"岩石学"课程思政教学设计样例如表 3.22.3 所示。

表 3.22.3　"岩石学"课程思政教学设计方案

课程名称	岩石学（双语）	**总课时**	64 课时	**课程类型**	专业必修课
授课对象	地质类专业学生			**教师**	邵龙义
授课章节	沉积岩一般特征	**时长**	45 分钟	**授课方式**	线上+ 线下
课程教材	肖渊甫，郑荣才，邓江红. 岩石学简明教程 [M]. 4 版. 北京：地质出版社，2017.					
学习资源	《岩石学》(内部讲义)，邵龙义主编。 《岩石学实验指导书》(内部)，邵龙义主编。 《岩石学双语教学辅助教材》(内部)，邵龙义主编。 中国大学 MOOC：https：//www. icourse163. org/course/CUMTB-1003409002					

1　育人知识点
(1) 聚焦国家战略需求，满足新时代人才需求。
(2) 训练地学思维，提高专业素养。
(3) 传承地质精神，树立报国理想。

2　课程思政教学方法与设计
2.1　课程思政教学方法
(1) 互动式教学法：以学生为中心、以产出为导向，充分调动学生的积极性，增强学生的情感体验。
(2) 案例式教学法：通过真实案例来引导学生运用知识去分析和解决实际问题。
(3) 讨论式教学法：通过分组讨论，引导学生发现问题、分析问题、思考问题。
2.2　课程思政元素融入设计
(1) 引导学生运用"将今论古"的基本思想，通过当代的地质现象和地质作用的规律，反推地质历史中的地质作用和事件。例如，在本节课中引导学生观察和探讨现代沙滩波痕的形成原因，并类比分析岩石层面和层内的波痕、交错层理等常见沉积构造，培养学生的地质思维方式。沉积学家通过现代水槽实验模拟水流泥沙的运动规律和沉积过程，该方法为研究古代沉积物的沉积演化过程及内部结构提供了重要依据，可为露头解剖与地下储层研究提供参考。

(续表)

(2) 矿产资源是经济社会发展的重要物质基础。特别是煤炭资源,作为我国的主体能源,更是在我国能源体系中发挥着"压舱石"的作用。煤炭资源的分布受地层及岩相等因素控制,岩相古地理分析是煤炭资源预测的重要手段,沉积岩的颜色、成分、结构和构造等特征是岩相古地理分析的重要依据。鼓励学生打好专业基础,掌握沉积岩的一般特征,为我国煤炭资源、煤系"卡脖子"的战略矿产资源的预测和勘探工作提供有力支持。

(3) "以献身地质事业为荣、以找矿立功为荣、以艰苦奋斗为荣"精神是地质工作者需发扬的优良传统。例如,以谢家荣、王竹泉、韩德馨等院士为代表的老一辈学者所总结的煤系岩石学、聚煤期岩相古地理及聚煤规律等研究成果,在重要煤田发现以及数次全国煤炭及煤层气资源评价中都发挥了重要作用。他们扎实的地质理论基础和丰富的实践经验,为当代地质工作者树立了学习典范,我们年轻一代大学生要学习老一辈地质学家的优良传统,为国家新一轮找矿突破战略行动作出应有的贡献。

23 "岩体力学"课程思政教学案例*

23.1 课程简介

"岩体力学"课程是地质工程专业三年级本科生的专业基础课。本课程旨在使学生掌握有关岩石、结构面、岩体的基本力学性质，了解岩石的动力学特性，掌握岩体强度理论、工程岩体分级方法、岩体初始应力状态及其规律，了解初始应力的测量方法，掌握洞室工程、边坡工程、岩基工程的分析理论和方法，了解岩体力学数值分析方法及研究前沿。课程与培养目标中育人指标点的支撑关系见表 3.23.1。

表 3.23.1 "岩体力学"课程与培养目标中育人指标点的支撑关系

序号	育人要求指标点	指标点内容
1	人文精神	R5.3 引导学生了解工程地质与社会、健康、安全、法律以及文化的关系，引导学生从人文社会科学视角审视复杂地质工程问题
2	科学精神	R8.3 培养学生敬业、精益、专注、创新的大国工匠精神
3	地质思维	R9.1 引导学生深刻认识地质的多尺度物质观和时空观，培养学生的系统演化观、人地互馈观、多维时空观等特有的地质思维

23.2 课程思政总体设计和教学实施思路

通过在课堂上结合理论讲授岩体力学的发展史和重特大岩体工程，例如，我国战国时期都江堰水利工程，中华人民共和国成立以来的红旗渠引水工程、宝成铁路、成昆铁路、三峡工程、西电东送工程、青藏铁路、秦岭长大隧道，以及正在建设中的川藏铁路、拟规划的烟大海底长隧道和台湾海峡隧道等，将课程知识与我国人民的勤劳智慧，与在中

---

* 同济大学土木工程学院，张清照。

国共产党领导下建设社会主义伟大历程有机融合，激发学生的专业自豪感和民族自信心，使学生正确认识地质工程工作者的时代责任和历史使命，提升学生的社会责任担当，培养家国情怀，树立献身地质工程事业的信念。

在课程设计中，融入"课程思政"设计理念。在讲解中，有机融入中国地质精神、地质思维方法、工程师素养等元素，将其渗透在每一个知识点中。在引言中，以诗词中的石文化引入；在"岩石成因"中，谈"见微知著"的科学思维；在"岩石"中，谈野外工作的意义；在"岩石的物理性质"中，谈"微观-宏观"思维模式；在"岩石的水理性质"中，结合上海地铁建设，谈"明察暗访"的工程策略；在"岩石的时间效应"中，谈"兵不贵久"的学习观；在对比岩石的"抗拉""抗压"性质中，谈"善战者胜"的设计原则；在"莫尔-库伦理论模型"中，谈"对立统一"的辩证思维；在"格里菲斯强度"中，谈"不战而胜"的人生启示；在"岩石的劈裂"机械发明中，谈"以柔克刚""反向求索"的创新思维。课程的知识单元体系及相应思政教学点如表 3.23.2 所示。

表 3.23.2 "岩体力学"课程的知识单元体系及相应思政教学点

序号	知识单元	知识点（含育人知识点）	教学手段	课内学时	课外学时
1	岩石与岩体	岩石、岩体和结构面的概念（掌握）	讲课	2	2
		岩体的特征和岩体结构（熟悉）			
		岩体力学研究内容与方法（了解）			
		了解岩体力学发展简史（了解）			
2	岩石的基本物理力学性质	岩石的基本物理性质（掌握）	讲课 作业	10	10
		岩石的强度特性（掌握）			
		岩石的变形特性（掌握）			
		岩石的强度理论（掌握）			
3	岩体的动力学性质	岩体中应力波类型及传播（熟悉）	讲课	2	4
		岩体弹性波速度的测试（熟悉）			
		影响岩体弹性波速度的因素（了解）			
4	岩体的基本力学性质	岩体结构面的分析（熟悉）	讲课 作业 单元测试	6	6
		结构面的变形特性（掌握）			
		结构面的力学效应（掌握）			
		岩体的应力应变分析（掌握）			
		岩体力学性能的现场测试（熟悉）			

(续表)

序号	知识单元	知识点（含育人知识点）	教学手段	课内学时	课外学时
5	工程岩体分类	工程岩体分类的目的与原则（掌握）	讲课	4	2
		工程岩体代表性分类（熟悉）			
		《工程岩体分级标准》（GB/T 50218—2014）（掌握）			
6	岩体的初始应力状态	岩体初始应力场及其影响因素（掌握）	讲课 单元测试	4	4
		岩体初始应力场的分布规律（熟悉）			
		岩体初始应力的现场量测方法（了解）			
		高地应力地区主要岩体力学问题（了解）			
7	洞室工程	二次应力状态概念（掌握）	讲课 作业	15	15
		深埋圆形洞室弹性分布二次应力状态（掌握）			
		深埋圆形洞室弹塑性分布二次应力状态（掌握）			
		节理岩体中深埋圆形洞室的剪裂区及应力分析（熟悉）			
		围岩压力概念及分类（掌握）			
		围岩松动压力计算（掌握）			
		围岩塑性形变压力计算（掌握）			
		新奥法（熟悉）			
8	边坡工程	边坡应力分布（熟悉）	讲课	2	2
		边坡岩体变形和破坏（熟悉）			
		边坡稳定性分析（熟悉）			
9	岩基工程	岩基上的基础形式、基础沉降和承载力（熟悉）	讲课 单元测试	4	4
		坝基岩体的抗滑稳定性（熟悉）			
		岩基的加固措施（熟悉）			
10	岩体力学数值分析方法	岩体力学数值分析方法（了解）	讲课	2	2
		岩体力学研究展望（了解）			

23.3 课程思政教学设计样例

"岩体力学"课程思政教学设计样例如表 3.23.3 所示。

表 3.23.3　"岩体力学"课程思政教学设计方案

课程名称	岩体力学	总课时	51 课时	课程类型	专业基础课
授课对象	地质工程专业三年级本科生			教师	张清照
授课章节	岩石的流变特性	时长	90 分钟	授课方式	线下
课程教材	沈明荣，陈建峰. 岩体力学 [M]．2版．上海：同济大学出版社，2015.				
学习资源	中国知网：http://www.cnki.net				

1　育人知识点
(1) 在理解岩石的基本物理性质、变形特性的基础上，结合岩体力学基本原理，掌握岩石的流变特性，提升学生的专业素养。
(2) 基于岩石的流变特性，学习岩石的长期强度确定方法，掌握流变的常见力学模型，具备解决实际问题的能力。
(3) 结合我国岩石的流变特性理论研究发展历程，讲解目前岩石的流变特性研究热点，激发学生将个人理想追求与国家命运深度融合的家国情怀和担当意识。

2　课程思政教学方法与设计
2.1　课程思政教学方法
(1) 自主性学习策略：以学生为主体，以教师为主导，应用多种教学方法促进自主性学习。教学中注重有效互动，充分调动学生的积极性，使学生成为课堂的主人。
(2) 案例式教学策略：以工程应用为主要教学目标，课堂上采用实际案例分析和多媒体相结合的方式，结合图片等直观内容，通过真实的案例展示分析使学生进一步理解本节教学内容，为实际应用打好基础。

2.2　课程思政元素融入设计
(1) 在课堂上围绕"什么是岩石流变"开展讨论，引导学生牢固掌握"岩石流变"概念，培养严谨求实的科学素养。
(2) 结合岩石的蠕变特性、松弛特性的异同，引导学生观察思考不同应力状态下，岩石是如何产生不同的流变行为，进一步深入思考什么是蠕变、什么是松弛，以及蠕变和松弛分别会对工程造成什么影响，培养学生作为工程师的职业素养。
(3) 通过介绍我国岩石的流变特性理论研究发展历程，讲解目前岩石的流变特性研究热点，激发学生将个人理想追求与国家命运深度融合的家国情怀和担当意识。

24 "岩土钻掘工程浆液"课程思政教学案例*

24.1 课程简介

"岩土钻掘工程浆液"是地质工程专业大四年级学生的专业必修课。本课程旨在使学生在理解有关黏土胶体化学的基础上，掌握典型工程浆液体系的作用、特点、设计、制备与无害化处置方法；掌握工程浆液比重、黏度、失水等常见性能规范要求及上述指标的测定方法；掌握工程浆液不同类别无机处理剂和有机处理剂的作用原理及其使用方法；要求学生掌握根据不同地质条件科学合理制备各类工程浆液和调控方法；掌握废弃工程浆液的环境效应和绿色处置技术。培养学生的家国情怀、科学精神、人文素养、生态文明、地质思维等，以及在分析检验工作中的社会责任、法治意识、工匠精神和创新意识等。在思政教学中，根据本课程的知识技能要求，结合课程思政要求，充分将育人与育才高度融合。课程与培养目标中育人指标点的支撑关系见表3.24.1。

表 3.24.1 "岩土钻掘工程浆液"课程与培养目标中育人指标点的支撑关系

序号	育人要求指标点	指标点内容
1	自主学习	熟悉黏土矿物构造、水化分散特性等知识，着力培养学生的专业基础知识运用、实际问题解析能力
2	独立思考	熟悉工程浆液处理剂选取、配方设计等知识，锻炼学生对问题的分析与解决方案的设计能力，培养学生独立思考和持续研究的能力
3	环保理念	熟悉工程浆液的性能测试和环境效能分析，培养学生的环境保护意识
4	地质思维	运用将今论古的方法，通过各种地质样品特征，利用现今地质作用的规律，去反推深部地质体的物性特征，为低密度工程浆液的配置与调控提供理论基础
5	锐意创新	以工程浆液领域的知名专家孙金声院士为例，介绍他通过对工程浆液所用化学材料的不断创新研发，不仅解决了基础理论的难题，也为行业的发展进步起到了推动作用的事例

---

* 中南大学地球科学与信息物理学院，孙平贺。

24.2 "课程思政"总体设计和教学实施思路

根据《地质类专业课程思政教学指南》要求,按照专业课程思政教学与"三全育人"理念和工程教育专业认证体系的紧密结合要求,最大程度体现地质类专业育人要求和特点,采用多元化的教学方法将思政元素融入课堂教学,引导学生在汲取知识的同时,认识问题和知识背后所蕴含的理论思维、方法论和价值判断,激发学生的思想碰撞和情感体验,实现对学生的价值塑造。采用案例教学法介绍国家重大工程案例以及背后工程师作出的卓越贡献和创新,理解他们的品质,并解释这些品质对他们的人生产生的影响。"岩土钻掘工程浆液"课程知识单元体系及相应思政教学点如表3.24.2所示。

表3.24.2 "岩土钻掘工程浆液"课程知识单元体系及相应思政教学点

序号	知识单元	知识点(含育人知识点)	教学手段	课内学时	课外学时
1	典型黏土矿物的晶体结构与特点	掌握高岭石、蒙脱石、伊利石三种常见黏土矿物的晶体结构特征,具备胶体化学知识和独立问题分析能力和可持续研究意识	课堂知识讲授、动画模型演示	4	0
2	配浆黏土的分散与悬浮特性	掌握不同黏土矿物含水特性及水分子对晶体结构侵入后的变化规律知识,形成独立分析非黏粒成分对其分散性影响的能力和研究能力	课堂知识讲授、实验操作演示	4	2
3	工程浆液的基本特性与测试方法	掌握比重、漏斗黏度、旋转黏度、pH、润滑、失水等方面工程浆液的性能测试方法,具备使用现代工具的能力	实验操作演示、工程案例分析、课内分组讨论	2	2
4	工程浆液的流变特性和工程意义	掌握牛顿、宾汉、卡森等流变模式中剪切应力和剪切速率之间的变化关系,独立分析实际工程浆液流变参数关系模型同理论模型差异性的原因,具备持续研究的能力	课堂知识讲授、实验操作演示	2	2
5	工程浆液材料与化学处理剂	掌握加重剂、降失水剂、增黏剂、润滑剂等无机处理剂和有机处理剂的特性及选用标准,具备问题分析和设计解决方案的能力,开展具有环境友好型材料的研究	课堂知识讲授、实验操作演示	4	2
6	工程浆液的配置、调控与应用	掌握水基工程浆液配置的过程和常见配方,具备设计解决方案能力和使用现代工具进行体系评价的能力。能够从环境和可持续发展角度对不同材料进行选型	实验操作演示、工程案例分析	2	2

(续表)

序号	知识单元	知识点（含育人知识点）	教学手段	课内学时	课外学时
7	低密度工程浆液的特性与应用	掌握低密度工程浆液的特性和应用领域，熟悉现场配置低密度工程浆液的设备，能够从地质体的非均质性角度对设计解决方案予以环境和可持续发展评价	课堂知识讲授、实验操作演示、工程案例分析	2	2
8	化学注浆体系的组成与特点	了解不同化学注浆体系的特点和材料组成，对其工程解决方案的限制条件能够采用理论和实验方法进行分析	课堂知识讲授、实验操作演示	2	2
9	废弃工程浆液的环境效应与处置技术	掌握废弃工程浆液的环境影响，对振动筛、除砂器、除泥器、离心机等现场物理处置设备的工作原理进行独立分析和研究。对常用的固化方法对环境和可持续发展进行深入研究与探讨	课堂知识讲授、实验操作演示、工程案例分析	2	2

24.3 "课程思政"教学案例

"岩土钻掘工程浆液"课程思政教学设计样例如表 3.24.3 所示。

表 3.24.3 "岩土钻掘工程浆液"课程思政教学设计方案

课程名称	岩土钻掘工程浆液	总课时	24 课时	课程类型	专业必修课
授课对象	地质工程专业大四年级学生			教师	孙平贺
授课章节	高压与涌水层加重钻井液	时长	90 分钟	授课方式	课堂讲授+课内讨论
课程教材	乌效鸣，蔡记华，胡郁乐．钻井液与岩土工程浆材 [M]．武汉：中国地质大学出版社，2020.					
学习资源	中国知网：http://www.cnki.net					

1 育人知识点
(1) 结合高压地层的特点和产生高压力的原因，能够从工程角度研判钻遇高压地层的工艺参数特征，融入辩证唯物主义的动静理论，培养学生科技创新的理念；结合针对高压地层所使用的高密度钻井液可能造成环境危害，培养学生的环保意识。
(2) 结合"铁人"王进喜利用自己的身体充当工程浆液搅拌器，使加重剂能够充分悬浮在体系中，提高了工程浆液的比重，保证高压地层不会产生井喷事故的伟大事例，培养学生的家国情怀。

2 课程思政教学方法与设计
2.1 课程思政教学方法
(1) 互动式教学：以学生为主体，以教师为主导，应用多种教学方法促进自主性学习。教学中，注重有效互动，充分调动学生的积极性，使学生成为课堂的主人。
(2) 案例式教学：以工程应用为主要教学目标，课堂上采用实际案例分析和多媒体相结合的方式，结合图片等直观内容，通过真实的案例展示分析使学生进一步理解本节教学内容，为实际应用打好基础。

(续表)

2.2 课程思政元素融入设计

(1) 通过国内外技术的对比，引出国内部分研究的不足和紧迫性，从而激发学生对科技创新研究的热情和对专业可持续发展的关注。另外，引入辩证唯物主义观点，阐述深部地层的运动是绝对的，而我们人类所观测的数据不变是相对的。

(2) 由于地层的非均质性和多孔渗透特性，工程浆液的注入会引起地层孔隙压力的变化，因此可融入唯物辩证法的普遍联系观点：任何事物都不能孤立地存在，都同其他事物发生着联系；世界是万事万物相互联系的统一整体；任何事物都是统一的联系之网上的一个部分、成分或环节，都体现着普遍的联系。加重材料方铅矿粉是一种主要成分为方铅矿（PbS）的天然矿石粉末，其密度高达 $7.4 \sim 7.6 \, \text{g/cm}^3$，因而可用于配制超高密度钻井液，使得不出现异常高压地层，通过环保意识的融入，在此类材料选取中应关注铅（Pb）对地下流体的有害影响。

(3) 介绍"铁人"王进喜事迹，融入家国情怀的理念。1960 年 3 月，王进喜率队从玉门到大庆参加石油大会战，用"人拉肩扛"的方法搬运和安装钻机，奋战三天三夜把井架耸立在荒原上。当打第二口井时突然发生井喷，当时没有压井用的重晶石粉，王进喜决定用水泥代替。但水泥容易与水产生反应，难以有效悬浮，因此他率领工友用身体充当搅拌机，他不顾腿伤，不顾水泥的碱性侵蚀作用，完成了高压地层的钻井任务。通过该案例激发学生不屈不挠的地质品质和将个人理想追求与国家命运深度融合的家国情怀和担当意识。

25 "油矿地质学"课程思政教学案例*

25.1 课程简介

"油矿地质学"是一门研究油气藏非均质性及其对油气开采控制作用的课程,是资源勘查工程专业本科生三年级下学期的专业必修课。本课程旨在使学生掌握油气田地质研究的基本概念、基本理论、基本方法及技能;增强学生家国情怀和使命担当,坚定"我为祖国献石油"的理想与信念,使他们成为新时代"铁人精神"的传承者;同时具备创新思维能力、团队合作能力、自主学习能力等可迁移能力,为今后从事油气田评价与开发地质工作奠定必要的基础,为终身发展、适应和引领未来社会奠定良好的基础。课程与培养目标中育人指标点的支撑关系见表 3.25.1。

表 3.25.1 "油矿地质学"课程与培养目标中育人指标点的支撑关系

序号	育人要求指标点	指标点内容
1	家国情怀	R3.2 引导学生认识地质类专业在国民经济发展中的历史贡献、基础地位和时代责任,激发学生的专业自豪感、地质报国的家国情怀和担当意识
2	科学精神	R4.2 培养学生在地质工作中追求真理、崇尚创新、尊重实践、弘扬理性的科学精神,树立把论文写在祖国大地上的意识和信念
3	地质品质	R8.2 培育学生胸怀宽广、无私奉献、艰苦奋斗、开拓创新、奋发有为的地质品质
4	地质思维	R9.1 教育引导学生深刻理解地质的多尺度物质观和时空观,培养学生的系统演化观、人地互馈观、多维时空观等特有的地质思维

25.2 课程思政总体设计和教学实施思路

紧密围绕思政教学目标,坚持"以学生发展为中心"的原则,通过建设油矿地质课程

---

* 中国石油大学(北京)地球科学学院,吴胜和、岳大力、刘钰铭、周勇。

思政案例库（58个典型案例）和课程思政实践基地，优化课程思政内容供给、创新课程思政教学方法，牢牢树立"知识、思维、能力教育并重"的课堂思政教学理念，以专业课程知识为载体，将思政教育融入课程教学的各环节，通过课程典型思政案例引导学生"学石油、爱石油、奉献石油"，增强学生使命感、专业认同感和学习动力，达到润物无声的育人效果。

形成多元融合的课程思政新模式。课程教学过程中，采取思维导引式授课、沉浸式实习实训、多向互动研讨等方式，实现专业教学与思政元素的多元有机融合。思维导引式授课以专业教学为载体，融知识建构、价值塑造与思维训练于一体，提高学生创新意识和高阶思维；沉浸式实习实训引导学生研究式学习，培养学生综合能力、扎实工作作风、责任与担当；多向互动式研讨培养学生对深奥理论的理解力、学术质疑意识以及语言表达能力。课程的知识单元体系及相应思政教学点如表3.25.2所示。

表3.25.2 "油矿地质学"课程的知识单元体系及相应思政教学点

序号	知识单元	知识点（含育人知识点）	教学手段	课内学时	课外学时
1	绪论	知识点：课程定位、课程内容、课程教学、课程考核。 思政教学点：在课程定位讲解中，根据油气对外依存度高的现状，结合习近平总书记重要讲话精神，使同学们树立专业自信及为国找油的使命担当	课堂讲授 自主学习	1	1
2	钻井地质设计	知识点：①钻井井别、井型；②钻井地质设计内容。 思政教学点：在钻井液性能讲解中，结合"铁人"王进喜跳进泥浆池制服井喷的实例，讲解"铁人精神"的由来，强调"铁人精神"的内涵	课堂讲授 自主学习 课后作业	2	2
3	地质录井	知识点：①地质录井任务；②不同地质录井方法。 思政教学点：①"基准井"引入大庆油田发现井——松基1井，讲解大庆油田发现史，中国摘掉"贫油国"帽子，让同学们了解先辈们的光荣事迹。②在岩屑录井讲解中，结合实际井场岩屑捞取一般1m捞一次，需要现场人员认真负责，引导同学们树立认真负责、一丝不苟的工作态度	课堂讲授 自主学习 课后作业	4	2
4	油层单元划分	知识点：①概念与分级；②与其他地层单元的关系。 思政教学点：结合我国几处重点"金钉子"剖面讲解，强调中国对世界地质的贡献，引导学生树立远大志向、学好本领、为扩大中国在世界的影响力贡献自己的力量	课堂讲授 自主学习 课后作业	2	2

(续表)

序号	知识单元	知识点（含育人知识点）	教学手段	课内学时	课外学时
5	油层对比的依据和方法	知识点：①油层对比的依据；②油层对比的方法。 思政教学点：在油层对比依据授课中，强调"等时性"对比的相对与绝对，引入相对论思政元素，引导同学们树立科学思维	课堂讲授 自主学习	2	2
6	油气藏构造	知识点：①油气藏构造特征；②井下断层研究；③油气田构造图的编制。 思政教学点：在断层封闭性讲解中，结合断层封闭与开启的动态性，引入万物发展是动态变化的，不是一成不变的，引导同学们用动态的观点去看待世界，培养学生的科学辩证思维	课堂讲授 自主学习 课后作业	2	2
7	储层分布与连通性	知识点：①储层的层次性、连通性、连续性；②沉积微相分析方法。 思政教学点：①在储层非均质性讲解中，均匀与非均匀是相对而言，是科学分析问题的思维建立，引入相对论思政元素，帮助同学们树立科学思维。②在储层沉积相分析讲解中，指出地质研究需要发散求索，聚焦论证（逻辑与辩证），培养学生地质思维	课堂讲授 自主学习 课后作业	4	4
8	储层孔隙结构	知识点：①孔隙、喉道类型；②孔隙结构表征参数；③孔隙结构表征方法。 思政教学点：在储层物性差异机理讲解中，以内因和外因为切入点，内因是本质，外因通过内因起作用，培养学生辩证哲学思维、逻辑思维和科学思维	课堂讲授 自主学习	2	2
9	储层物性及储层裂缝	知识点：①储层物性分级；②储层物性差异性机理；③储层物性非均质性。 思政教学点：在储层物性分级讲解中，通过石油行业标准介绍孔隙度分级标准为切入点，让同学们养成遵守规范的思维，无规矩不成方圆，工作要遵守行业规范，做人要遵守道德规范	课堂讲授 自主学习 课后作业	2	2
10	油气水系统	知识点：①概念与分类；②含油气饱和度的差异；③原始油层压力分布。 思政教学点：由压力梯度的概念引出同学们在日常的学习生活中的压力，引导学生艰苦奋斗，把压力转化为动力，另外注意用合理的方式缓解压力，健康有序地学习生活	课堂讲授 自主学习 课后作业	2	2
11	油气层分布研究	知识点：①含油气范围；②有效厚度；③含油气饱和度。 思政教学点：在油气水系统中通过致密储层的油水分布特征引出我国非常规致密油气勘探开发现状，鼓励学生突破常规，勇于创新的科学精神	课堂讲授 自主学习 课后作业	2	2

（续表）

序号	知识单元	知识点（含育人知识点）	教学手段	课内学时	课外学时
12	三维地质建模	知识点：①概念与意义；②三维建模流程。 思政教学点：在讲解三维油藏地质建模过程中，建模方法的选择、相控建模思路等，培养学生的辩证思维及地质思维	课堂讲授 自主学习	2	2
13	油气储量分类与评价	知识点：①我国油气储量分类体系；②国际上储量分类体系；③储量综合评价。 思政教学点：由储量引出我国石油的目前储量，介绍我国石油供需情况及面临的严峻形势，引导学生为祖国油气增储上产而奋斗	课堂讲授 自主学习 课后作业	2	2
14	地质储量估算方法、可采储量估算方法	知识点：①地质储量估算方法；②可采储量估算方法。 思政教学点：①在讲解页岩气藏地质储量估算时，介绍作为一种非常规油气的页岩气革命史及发展历程，引导学生要具有开拓创新的精神。②由储量计算的不确定性分析讲解，介绍不确定性的原因，锻炼学生地质思维及辩证思维	课堂讲授 自主学习 课后作业	2	2
15	油气藏驱动类型	知识点：①天然驱动能量；②人工驱动能量。 思政教学点：从油气藏中固有的天然驱动能量引申到石油人内在的内驱力，通过树立自身的理想信念，增加自己内驱力，促使自己不断进步	课堂讲授 自主学习 课后作业	1	1
16	不同类型油气层开发地质特征	知识点：①不同流体性质、边界条件及规模、储渗性能、岩石类型的油气藏；②油气藏开发地质综合分类。 思政教学点：结合长庆油田（低渗透油田）的开发历史，让同学们了解其勘探历程及开拓精神，树立爱国、爱石油的理念	课堂讲授 自主学习 课后作业	1	2
17	不同开发方式的地质主控因素	知识点：①注水开发；②聚合物采油；③热力采油；④气藏开发。 思政教学点：以我国页岩油气开发为例，介绍页岩油气的发现历程及生产实例，如涪陵页岩气田，增强学生为祖国献石油的理想信念，为未来的石油行业作出更大的贡献	课堂讲授 自主学习 课后作业	1	2
18	剩余油形成与分布	知识点：①剩余油概念及控制因素；②剩余油分布类型；③剩余油解释与预测。 思政教学点：①介绍剩余油概念时，介绍我国油气资源供应紧缺，供应缺口大的能源问题现状，呼吁同学们学好本领，脚踏实地，未来多为祖国献石油。②结合剩余油的挖潜，为同学们讲述开发大庆油田的先辈王启民的事迹，鼓励同学们向先辈学习"我为祖国献石油"的精神，传承石油精神	课堂讲授 自主学习 课后作业	2	2

（续表）

序号	知识单元	知识点（含育人知识点）	教学手段	课内学时	课外学时
19	储层流体性质的动态变化	知识点：①储层性质的动态变化；②注水过程中流体性质的动态变化。 思政教学点：①介绍影响储层动态变化的内外因时，让同学们辨析储层性质动态变化的内因与外因，锻炼同学们的辩证思维，培养科学的逻辑思维。②通过讲授胜利孤岛油田的开发史，引出我国油气供需问题，提出要把"能源的饭碗"牢牢地端在自己的手里	课堂讲授 自主学习 课后作业	2	2

25.3 课程思政教学设计样例

"油矿地质学"课程思政教学设计样例如表3.25.3所示。

表3.25.3 "油矿地质学"课程思政教学设计方案

课程名称	油矿地质学	总课时	38课时	课程类型	专业必修课
授课对象	资源勘查工程专业大三年级学生			教师	周勇
授课章节	剩余油形成与分布	时长	45分钟	授课方式	线下
课程教材	吴胜和，蒋裕强，岳大力. 油矿地质学 [M]. 5版. 北京：石油工业出版社，2021. 吴欣松，岳大力，李海燕. 油矿地质学习题与实训 [M]. 北京：石油工业出版社，2013.				
学习资源	爱课程：http://www.icourses.cn/sCourse/course_3280.html 学堂在线：https://www.xuetangx.com/course/cup08141004481/8024317?channel=i.area.learn_title				

1. 育人知识点

(1) 意识方面。课上展示油田生产实践的案例和教师科研成果，不但能帮助学生更好地理解授课内容，还能给学生强烈的感官冲击，使学生零距离感受到"学有所用"的含义，激起投身专业学习与科研的冲动。

(2) 思维方面。培养"地上—地下"的思维方法，即从油田生产实践的表象到油田地下地质原因的分析思路，通过从油层渗透性差异分析剩余油形成机理与分布规律的训练，培养学生地质大局观。

(3) 能力方面。掌握从地质角度分析注水开发过程中油水运动差异的基本方法，培养学生应用实际地质资料解决复杂地质问题的能力。

(4) 价值方面。结合我国当前能源安全形势，讲解我国石油开采取得的成就与面临的挑战，增强学生爱祖国、爱石油的责任感与使命感。

2 课程思政教学方法与设计

2.1 课程思政教学方法

(1) 启发式教学引导+互动式教学过程，充分调动学生的主观能动性。通过形象生动的实验并添加趣味性的设问及引导，让学生对生产中存在的问题，以及现实生活中的现象进行思考，从被动学习转变为主动学习，锻炼学生分析问题和解决问题的能力及科研思维。

(续表)

(2) 定性描述与定量表征相结合，培养学生严谨的逻辑思维。在解释油层渗透性概念的基础上，定量分析油层渗透性与颗粒粒度、分选及排列方式之间的相关性及计算公式，培养学生严谨的逻辑思维及对现象进行深入研究的科学精神。
(3) 案例研讨，理论与实践应用相结合，让学生明白知识的意义。在讲授油层渗透性控制因素和剩余油形成机理的基础上，本单元设计了综合运用这些机理挖潜剩余油的油田生产实际案例讨论，教授学生"学以致用"的道理，并激发其对专业学习的兴趣。

2.2 课程思政元素融入设计

(1) 开展趣味实验——"滴水实验"导入新课，通过学生互动提升课堂活跃度。学生通过亲自动手做滴水实验，体会岩石的渗透性差异，同时以高清的显微图片和大量的动画展示岩石中的孔隙，寻找普遍规律，增加趣味性，引起学生兴趣，引导学生观察和思考，提高学习效果。
(2) 通过直观教具（油田实际采出的液体样品）展现油田高含水开采的成果，指出高含水开发阶段地下仍存在大量剩余油，提出问题"你知道剩余油是如何形成的吗？"激发学生学习的兴趣，在教学过程中渐进式引导学生掌握剩余油的形成机理，进而培养学生的科学精神。
(3) 用实际数据说话，结合我国近十年原油消费和产量实际对比，指出我国油气对外依存度过高的安全隐患。提出问题"你知道剩余油对我们国家的能源战略具有什么意义吗？"引导学生积极思考，鼓励大家作为资源勘查工程专业学生，应学好本领，奉献石油事业、保障国家能源供给。结合习近平总书记在胜利油田发现 60 周年的讲话精神，强调能源饭碗要端在自己手中，让同学们树立专业自信，坚定为国找油信念，更加坚定从事石油行业的信心。
(4) 介绍新时期铁人王启民"稳油控水"的实例。为同学们讲述"人民楷模"、新时期铁人王启民主持的油田高含水后期"稳油控水"项目，为大庆油田实现 27 年 5 000 万吨以上高产高效持续开发作出重要贡献的先进事迹，让学生理解剩余油研究的重要意义，鼓励同学们向先辈学习"我为祖国献石油"的精神。

26 "油气勘探与资源评价"课程思政教学案例*

26.1 课程简介

"油气勘探与资源评价"课程是面向资源勘查工程专业大三年级学生开设的专业指定选修课,以石油地质学油气藏形成和油气田分布规律相关理论,尤其是以油气聚集理论为指导,结合现代系统工程技术,系统阐述油气勘探主要技术与方法、勘探基本过程、资源地质评价过程、勘探部署、勘探管理和决策等,是一门重视综合应用和实践的课程。本课程涉及各个学科的知识和专业技能,旨在让学生掌握现代油气地质、油气勘探,以及资源评价方面的理论与技术及其最新进展,具备运用所学理论、技术解决复杂油气勘探问题的能力。课程与培养目标中育人指标点的支撑关系见表 3.26.1。

表 3.26.1 "油气勘探与资源评价"课程与培养目标中育人指标点的支撑关系

序号	育人要求指标点	指标点内容
1	家国情怀	R3.2 引导学生认识地质类专业在国民经济发展中的历史贡献、基础地位和时代责任,激发学生的专业自豪感、地质报国的家国情怀和担当意识
2	科学精神	R4.2 培养学生在地质工作中追求真理、崇尚创新、尊重实践、弘扬理性的科学精神
3	法治意识	R6.2 了解地质工程行业相关的法律法规,熟悉环境资源保护和可持续发展等方面的政策、法规
4	地质品质	R8.2 培育学生胸怀宽广、无私奉献、艰苦奋斗、开拓创新、奋发有为的地质品质

26.2 课程思政总体设计和教学实施思路

运用情景创设、STSE(科学-技术-社会-环境)策略、问题导向等教学方法,将思政

---

* 西北大学地质学系,张东东。

元素融入课堂教学。通过情景创设，用典型案例说明标志性技术和理论，融入石油精神、"铁人精神"和艰苦奋斗的精神，激发其石油使命感，继承和发扬老一辈石油人的贡献和奋斗精神。STSE策略围绕"科学、技术、社会、环境"相互关系进行学习，让科学知识回归生活，启迪学生了解科学精神的内涵以及环境资源保护政策。在对学生进行知识点引导和学习过程中，不断通过问题引入、问题提出与问题解决等调动学生、激发学生的思想碰撞和情感体验，实现对学生的价值塑造。

课程特色和创新之处在于包含丰富的勘探案例以及石油工人故事，并配合相关讲解，可以激发并提升学生的民族自信、专业素养以及职业担当。课程的知识单元体系及相应思政教学点如表3.26.2所示。

表3.26.2 "油气勘探与资源评价"课程的知识单元体系及相应思政教学点

序号	知识单元	知识点（含育人知识点）	教学手段	课内学时	课外学时
1	油气勘探发展简史	油气勘探的起源与发展（掌握）；阶段划分（掌握）；油气资源的重要性（掌握）；中国油气勘探发展（熟悉），感受中国油气勘探发展至今的不易与艰辛	课堂讲授 自主学习	4	2
2	中国陆相生油理论的形成	陆相生油理论的内容（掌握）、陆相生油理论的产生背景（了解）和陆相生油理论的形成过程与影响（熟悉）。介绍老石油人不畏艰难、不畏权威的精神	课堂讲授 自主学习 课后作业	2	2
3	油气勘探的基本理论依据	沉积盆地勘探如何部署（掌握）、沉积坳陷勘探如何部署、圈闭勘探如何部署（了解）和油气有利区勘探部署实例（熟悉），介绍油气有利区勘探部署实例	课堂讲授 自主学习	4	2
4	碳酸盐岩烃源岩评价理论	碳酸盐岩烃源岩和常规烃源岩有何不同（掌握）、成烃生物的概念（了解）和碳酸盐岩烃源岩的评价方法（熟悉），建立并逐步培养科学、严谨的思想	课堂讲授 自主学习 课后作业	2	2
5	页岩油气形成理论	非常规油气资源对世界油气资源的重要意义（掌握）、页岩油气的开发历程及方法技术（了解）和页岩油气资源的概念及富集成藏特点（熟悉），激励学生去了解石油工业的实际问题，获得使命感	课堂讲授 自主学习	2	2
6	致密油气勘探与评价	致密油气的概念、类型以及发展历程（掌握）、致密油气的储集空间类型、储集空间表征方法（了解）和有利勘探区域的筛选标准（熟悉），提出石油人艰苦奋斗、攻坚克难、拼搏进取的石油精神	课堂讲授 自主学习 课后作业	2	2
7	深层油气勘探理论	深层油气的定义、研究现状（掌握）、成因类型及地质工程特征（了解）和深层油气勘探面临的科学问题（熟悉），切身体会石油行业对于国家的重要性，从而产生行业认同感	课堂讲授 自主学习 课后作业	4	2

（续表）

序号	知识单元	知识点（含育人知识点）	教学手段	课内学时	课外学时
8	天然气水合物勘探理论	天然气水合物的基本特征（了解）、我国天然气水合物的勘探开发历程（掌握）、天然气水合物成藏基本规律（了解），让学生对新兴绿色能源有一定的认知	课堂讲授 自主学习	2	2
9	智慧油田进展	数字油田、智慧油田等概念（掌握）、施工（了解）和油气数字勘探最新发展动态（熟悉），油气数字勘探技术发展趋势（掌握），培养学生的创新思维以及积极主动地去解决问题的能力	课堂讲授 自主学习 课后作业	2	2
10	含油气系统	以有机地球化学为基础的烃源岩评价新理论（掌握）、含油气系统的基本概念（了解）和表征方式（熟悉），提高学生对于勘探理论形成过程中聚焦主要科学问题的能力	课堂讲授 自主学习	4	2
11	地震勘探技术	不同的地震勘探技术方法（熟悉）、特性（了解）、不同地质情况下选取合适的地震勘探技术（熟悉）和地震勘探基础的部署设计（了解），逐步培养科学、严谨的思想	课堂讲授 自主学习	2	2
12	井筒技术	钻井技术、测井技术、录井技术，以及地层测试技术的含义及分类（掌握）、性能特点（了解），井筒技术在油气勘探开发过程中的运行机制（了解），培养学生的爱国情怀和实干抱负	课堂讲授 自主学习	2	2
13	录井技术	录井技术的概念、种类（掌握）以及目标对象（掌握），明白其重要性和迫切性（了解），树立学生专业理想并激发其学习兴趣	课堂讲授 自主学习	2	2
14	评价勘探任务和技术方法	评价勘探的概念和目标（掌握）、评价勘探的技术方法（了解），评价勘探的部署原则（了解），强调未来的发展方向和挑战，激发学生的责任感和使命感	课堂讲授 自主学习 课后作业	2	2
15	盆地分析模拟	盆地分析模拟的内容（掌握）、盆地数值模拟技术（掌握）、含油气盆地的思维和方法（熟悉），通过案例提高学生的专业素养	课堂讲授 自主学习	2	2
16	油气资源量评价方法	资源评价的重要性（掌握）、理论基础（掌握），以及不同评价的方法（掌握），让学生了解到"油气是找出来和评价出来的"这一石油人的认知和担当	课堂讲授 自主学习 课后作业	6	2

26.3 课程思政教学设计样例

"油气勘探与资源评价"课程思政教学设计样例如表 3.26.3 所示。

表 3.26.3 "油气勘探与资源评价"课程思政教学设计方案

课程名称	油气勘探与资源评价	总课时	44 课时	课程类型	专业指定选修课
授课对象	资源勘查工程专业大三年级学生			教师	张东东
授课章节	油气勘探的发展简史	时长	45 分钟	授课方式	线下
课程教材	庞雄奇. 油气田勘探 [M]. 4 版. 北京：石油工业出版社，2020.				
学习资源	爱德华·A. 博蒙特，诺曼·H. 福斯特. 油气圈闭勘探 [M]. 刘德来，译. 北京：石油工业出版社，2002. 窦立荣，温志新，王建君，等. 2021 年世界油气勘探形势分析与思考 [J]. 石油勘探与开发，2022（5）：1033-1044. 中国大学 MOOC：https：//www. icourse163. org/course/UPC-1205916802? tid= 1465258470 哔哩哔哩：https：//www. bilibili. com/video/BV1bm42177d9/ 爱课程：https：//www. icourses. cn/sCourse/course_ 6767. html				

1 育人知识点

(1) 以国际油气田勘探的形势作为引入，使学生了解我国油气勘探所面临的难关以及其重要性。引导学生认识地质类专业在国民经济发展中的历史贡献、基础地位和时代责任，激发学生的专业自豪感、地质报国的家国情怀和担当意识。

(2) 梳理世界油气勘探发展史与中国油气勘探发展史，并阐述中国油气勘探历程的不易以及关键理论、石油工人、功勋井的重要性，培育学生胸怀宽广、无私奉献、艰苦奋斗、开拓创新、奋发有为的地质品质。

2 课程思政教学方法与设计

2.1 课程思政教学方法

(1) 创设情景、引入式教学：围绕教学重点和难点进行情景创设，让师生角色发生转化，以学生为主体，提升学生的参与度和代入感，以询问互动的方式促进学生进行思考，充分调动学生的积极性，活跃课堂气氛，增强学生的情感体验。

(2) 问题与实例导向式教学：整个教学过程遵循以学生为主体、以教师为主导的教学理念，以问题及实例引导学生思考，并通过引导学生对知识的探究而加深学生对知识的理解和掌握，提升学习效果。

2.2 课程思政元素融入设计

(1) 通过一系列实例、数据与资料对比，用原始的煤油时代使用油气、勘探油气与开发油气，对比现今油气大发展、海陆空全域勘探技术、开采新技术等，引导学生认识到如此大的变化并非一蹴而就，其中不仅包含着很多过程和阶段，更包含着石油人孜孜不倦的努力拼搏和无畏付出，进而激发学生的专业自豪感、地质报国的家国情怀和担当意识。

(2) 介绍不同勘探阶段理论和技术的飞跃发展，以及产量的几何倍数提升等，引导学生思考科学理论和工程技术对于人类社会的影响，培养学生在地质工作中追求真理、崇尚创新、尊重实践、弘扬理性的科学精神。

(3) 介绍中国油气勘探发展中的三个阶段变化，其中深入阐述具有中国特色的陆相生油理论的诞生，"铁人"王进喜的英雄事迹，中国大庆油田松基 3 井油气发现的重要意义，培育学生胸怀宽广、无私奉献、艰苦奋斗、开拓创新、奋发有为的地质品质。

27 "油气田地下地质学"课程思政教学案例*

27.1 课程简介

"油气田地下地质学"课程是资源勘查工程专业本科生大四年级上学期的专业必修课。本课程要求学生掌握常规地质录井方法以及录井资料的分析、解释与应用,掌握油气藏地下地质特征研究(油层对比、沉积、油气储层非均质性、地下构造、地层压力、储量计算、油气藏动态地质分析)的基本原理、方法和技术;了解钻井地质设计、储层地质建模、开发动态地质分析及其与地下地质特征研究的关系;具备运用所学知识和技能对油气藏地下地质特征进行初步的表征与评价的能力,能够初步解决提高油气采收率与评价中的复杂地质工程问题。理解并掌握油气勘查工程及地质作用对资源、环境、安全和社会的影响,培养学生的科学精神、地质思维、家国情怀、职业道德和社会责任感。课程与培养目标中育人指标点的支撑关系见表3.27.1。

表 3.27.1 "油气田地下地质学"课程与培养目标中育人指标点的支撑关系

序号	育人要求指标点	指标点内容
1	家国情怀	R3.2 深刻认识专业在国民经济发展中的基础地位,激发学生将个人理想追求与国家命运深度融合的家国情怀和使命担当
2	科学精神	R4.2 培养学生在地质工作中追求真理、崇尚创新、尊重实践、弘扬理性的科学精神
3	道德修养	R7.1 教育引导学生能够在工程实践中理解并遵守地质行业的工程伦理和职业道德,树立安全意识和正确的劳动价值观,增强职业责任感
4	地质思维	R9.1 了解地质类专业系统演化观,多维时空观,系统、辩证思维等
5	石油精神	R10 深刻理解以"铁人精神"为代表的石油精神;理解我国石油院校的办学历史、办学定位和人才培养理念,有较强的专业自信和对行业的情感认同

---

* 中国石油大学(华东)地球科学与技术学院,张立强。

27.2 课程思政总体设计和教学实施思路

"油气田地下地质学"是一门实践性很强的专业课程,采用理论讲授、案例研讨、实验、设计、项目研究、实习等多种形式结合,线上线下混合、案例式教学,重视学生能力培养。课程思政资源主要体现在以下 5 个方面:①知识点专业案例背后的"功勋井"、英模等载体;②油层对比、构造分析等工程案例中的辩证、逻辑、系统等地质思维,科学精神与哲学思想;③井喷和录井安全事故与失利井案例等,渗透职业精神与工程伦理;④我国超深层、非常规油气等巨大成就、学科前沿、行业动态蕴含的科学精神与家国情怀;⑤"人民楷模"王启民等杰出校友、校训"惟真惟实"、石油行业对国家发展的重要意义等蕴含的石油精神等。

课程思政元素的融入采用案例教学,"讲-研-练-测-浸"融入思政元素:①讲知识点案例背后的石油故事(如"一粒岩屑发现一个大气田"等),增强学生的价值体验和行业情感,激励学生;②研讨剖析工程案例,训练思维、科学精神与哲学思想;③学生课下研究和练习真实的勘探开发前沿案例,产生共鸣,激发责任担当和专业自信;④将案例场景融入测试,如"人民楷模"王启民与储层非均质性案例,通过阅读打动学生,启迪思想;⑤利用油田现场实践、虚拟仿真实验等,让学生"浸入"现场,增强地质空间思维,树立社会责任意识。课程的知识单元体系及相应思政教学点如表 3.27.2 所示。

表 3.27.2 "油气田地下地质学"课程的知识单元体系及相应思政教学点

序号	知识单元	知识点(含育人知识点)	教学手段	课内学时(含实验)	课外学时
1	绪论	油气勘探开发形势、专业发展前景(了解);地下地质学的含义、作用及应用(掌握);地下地质学的现状及发展趋势(了解);课程体系(熟悉)。激发学生的专业自信心、社会责任感	课堂讲授 案例分析、视频等结合 自主学习	2	2
2	钻井设计及录井地质	钻井地质设计(了解);常规地质录井的方法、原理及应用(掌握);岩心录井图编制及应用(掌握);利用常规地质录井资料分析地层、含油气性(掌握);完井(了解)。增强安全与社会、环境、社会责任,培养工程意识和工匠精神,并能应用在钻井设计中	课堂讲授 案例研讨 视频、动画、虚拟仿真等结合 课后作业 自主学习	8	4

（续表）

序号	知识单元	知识点（含育人知识点）	教学手段	课内学时（含实验）	课外学时
3	油层对比	区域地层对比（熟悉）；碎屑岩及碳酸盐岩油层对比的依据、单元、对比理论及方法（掌握）；碎屑岩油层对比的实例及成果分析（掌握）；层序地层学对比方法（了解）；编制小层对比图、小层平面图（熟悉）。对比的多样性分析、问题发现与质疑，培养家国情怀、地质思维、科学精神	课堂讲授 案例研讨 视频、动画、虚拟仿真等结合 课后作业 自主学习	8	4
4	油气储层沉积微相研究	沉积微相研究的思路和理论及方法（掌握）；测井相研究（掌握）；沉积微相研究在开发中的应用（了解）；编制沉积相图（掌握）。问题发现、质疑与分析，培养创新思维、科学精神	课堂讲授 案例研讨 视频、动画等结合 课后作业 自主学习	6	4
5	油气储层非均质性研究	储层非均质性的意义（了解）；储层非均质分类、宏观非均质性研究的思路、理论及方法（掌握）；储层非均质性研究在开发中的应用（熟悉）；微观非均质性与剩余油（了解）；分析和定量评价储层非均质性（熟悉）。问题分析与质疑，培养创新思维、科学精神	课堂讲授 案例研讨 视频、动画、虚拟仿真等结合 课后作业 自主学习	8	4
6	油气田地下构造的研究	地下构造研究的意义、思路和方法（了解）；井下断层的识别、组合、性质分析（掌握）；分析和评价地下构造（熟悉）；断层面构造图的编制（掌握）；油气田构造剖面图的编制（掌握）；地下构造研究在油田开发中的应用（了解）。增强空间想象力及地质思维，培养安全意识，问题分析能力和职业精神	课堂讲授 案例研讨 视频、动画、虚拟仿真等结合 课后作业 自主学习	10	6
7	油气田地层压力研究	地层压力的概念（熟悉）；异常地层压力的成因、预测方法（掌握）；原始油层压力的分布及应用（掌握）；折算压力的计算与分析（熟悉）；地层压力的意义与应用（了解）；地层温度（了解）。提高安全意识、社会责任与工程伦理	课堂讲授 案例研讨 视频、动画、虚拟仿真等结合 课后作业 自主学习	6	4
8	油气储量计算	油气储量的分类和分级（掌握）；容积法计算石油储量的方法（熟悉）；天然气储量计算方法（掌握）；非常规油气储量计算（了解）；利用容积法计算石油储量的参数计算（熟悉）。培养问题分析能力、家国情怀和职业精神	课堂讲授 案例研讨 视频、动画等结合 课后作业 自主学习	4	4
9	非常规油气地下地质研究	非常规油气的研究现状（了解）；致密砂岩油气地下地质研究（掌握）；页岩油气地下地质研究的内容与方法（掌握）。培养问题分析能力、家国情怀和职业精神	课堂讲授 案例研讨 视频、动画等结合 课后作业 自主学习	4	4

27.3　课程思政教学设计样例

"油气田地下地质学"课程思政教学设计样例如表 3.27.3 所示。

表 3.27.3　"油气田地下地质学"课程思政教学设计方案

课程名称	油气田地下地质学	总课时	56 课时	课程类型	专业必修课
授课对象	资源勘查工程专业大四年级本科生			教师	张立强
授课章节	常规地质录井	时长	4 学时	授课方式	线上线下混合式教学
课程教材	张立强. 油气田地下地质学 [M]. 北京：中国石化出版社，2024.				
学习资源	张立强. 油气田开发地质学基础练习与案例分析 [M]. 青岛：中国石油大学出版社，2020. 张立强. 油气地质类专业课程思政精选案例 [M]. 青岛：中国石油大学出版社，2023. 吴胜和，蒋裕强，岳大力. 油矿地质学 [M]. 5 版. 北京：石油工业出版社，2021. 中国大学 MOOC：https://www.icourse163.org/course/UPC-1205909802 实验空间：https://www.ilab-x.com/details/page?id=3018&isView=true				

1　育人知识点
(1) 结合我国古代录井、钻井技术，讲解录井学科理论与技术发展历程和工程应用，培养学生的家国情怀、责任担当。
(2) 结合大庆油田松基三井岩心，华北油田发现井任四井岩屑录井，"一粒岩屑发现大气田"（克拉二井）、王进喜用身体搅拌泥浆制服井喷等案例，讲解常规地质录井的基本原理、方法、应用、注意事项等，培养学生的家国情怀、责任担当、石油精神、地质思维。
(3) 结合岩心资料的整理与描述、岩心录井图编制、解释和应用，培养学生的地质思维和工程伦理。
(4) 结合重庆市开县（今开州区）井喷、墨西哥湾井喷等事故案例，讲解钻井液录井，培养学生社会责任、安全意识和职业伦理。

2　课程思政教学方法与设计
2.1　课程思政的教学方法
(1) 线上线下混合式教学：将课程思政案例、文献等融入慕课，让学生利用慕课开展线上学习，并完成线上测试。线下课堂采用"讲-研-练-测"相结合的案例式教学，并利用"慕课堂"等智慧教学工具开展课内的测试、互动讨论，全体学生参与，并对学习的状况及时分析，调整上课节奏。
(2) 案例式教学：通过"大庆下面找大庆""用牙齿鉴定岩屑""死而复活出奇闻"等真实案例激发学生爱国激情、求知欲，拓展课程的深度和宽度，鼓励学生互动，提升学习效果。
(3) 虚实结合：对课堂上看不到的录井工程现场等，采用虚拟仿真、3D 动画、视频以及岩心实物等进行动态、形象展示，让学生身临其境。
(4) 理论与实践结合：针对岩心描述、岩心录井图的编制的重点，采用理论教学、虚拟仿真实验、实物实验、课外大作业、现场实习等多层次递进式教学。激发学生的学习兴趣、责任担当，培养科学精神，提升职业素养。
(5) 过程化考核：采用线上学习、随堂测试、实验、设计、课外阅读、期末考核等相结合的方式，督促学生认真对待每一个教学环节。
2.2　课程思政元素融入设计
　　设计"五美一事故案例"，创新六个融合，将课程思政元素融入专业教学，以案例为载体，将思政元素融入课程全过程，构建线上线下混合、虚实结合、理论与实践融合的课程思政体系，实现课程全方位育人。
(1) 融合知识点中的"最美功勋井"案例，传承石油精神。如通过"万里挑一"岩屑录井发现华北油田的任四井案例，及其科学意义、勘探发现、社会意义，激发学习欲望，引入知识点（地质录井）；通过大庆油田"功勋井"松基三井的岩心案例（"这块岩心，为何比黄金还贵重"），引入岩心录井，分析和总结岩心信息及其作用，培养学生资源报国情怀、专业自信与责任担当。

(续表)

(2) 融合知识点中的"最美石油人"的故事，借用虚拟仿真、视频、动画、现场照片等媒体资源，将"王进喜用身体搅拌泥浆制服井喷""用牙齿鉴定岩屑"（最美校友邓美寅）等融入教学，与学生一起讨论泥浆录井、岩屑录井的方法和作用，培养学生的职业素养和工匠精神。

(3) 融合知识点中的"最美中国贡献"代表学科前沿及工程案例，进行知识和能力扩展，介绍代表行业前沿的塔里木深层、四川页岩气、胜利油田页岩油岩心，以学生为主研讨岩心的信息及描述方法，培养科学思维、科学精神和专业自信。

(4) 融合知识点中的"最美时事与历史故事"，如"能源的饭碗必须端在自己手里"等习近平总书记讲话精神，传递石油行业对国家的重要意义，培养学生责任担当。结合《自流井记》中的岩性记录等故事，讲述录井的历史与发展，培养学生的家国情怀。

(5) 融合知识点中的"最美景观"，如用泥火山、黑油山（爱国主义教育基地）案例，讲解地层压力，培养学生人与自然和谐共处、绿色能源理念。

(6) 融合重庆罗家 16 号井井喷、蓬莱 19-3 油田溢油等安全事故案例，培养学生职业精神与工程伦理。将井喷事故的救护、中国共产党以人民为中心的根本执政理念融入，培养学生的政治认同感和专业情怀。